GUILLAUME PIGEARD DE GURBERT

Faire croire tout-en-fiches

Choderlos de Laclos • Musset • Arendt

Français – Philosophie
Programme 2023-2024

ARMAND COLIN

NOUS NOUS ENGAGEONS EN FAVEUR DE L'ENVIRONNEMENT :

Nos livres sont imprimés sur des papiers certifiés pour réduire notre impact sur l'environnement.

Le format de nos ouvrages est pensé afin d'optimiser l'utilisation du papier.

Depuis plus de 30 ans, nous imprimons 70% de nos livres en France et 25% en Europe et nous mettons tout en œuvre pour augmenter cet engagement auprès des imprimeurs français.

Nous limitons l'utilisation du plastique sur nos ouvrages (film sur les couvertures et les livres).

11 rue Paul Bert, 92240 Malakoff

www.dunod.com

ISBN 978-2-10-085286-4

Sommaire

Mode d'emploi et plan de l'ouvrage

Cet ouvrage est directement conçu, et rédigé, dans la perspective des épreuves de Français-Philosophie des concours des classes préparatoires aux grandes écoles scientifiques. Il suit les recommandations formulées dans les rapports de jury, à commencer par ces deux exigences incontournables et indissociables :

1) que la dissertation **analyse le sujet** du concours (tiré d'une phrase d'un auteur autre que les trois auteurs figurant au programme : Choderlos de Laclos[1], Musset[2], Arendt[3]) ;

2) que **les œuvres au programme** (*Les Liaisons dangereuses*, *Lorenzaccio*, « Du mensonge en politique », « Vérité et politique ») ne soient pas étudiées ni traitées pour elles-mêmes isolément mais **conjointement dans l'optique du thème et en fonction du sujet du concours**.

Concernant la première exigence, le rapport de jury du Concours Centrale-Supélec 2022 déplore que « trop de candidats croient pouvoir sauter impunément cette phase essentielle de **l'analyse du sujet**, sans laquelle on ne saurait définir une problématique pertinente ». On lit dans celui du Concours commun INP-E3A 2022 : « nous continuons à déplorer les copies frileuses car surtout soucieuses de "caser" des citations jugées incontournables ou de produire un discours purement général sur les œuvres au mépris des enjeux particuliers du sujet ».

1. 1741-1803.
2. 1810-1857.
3. 1906-1975.

Le rapport X-ENS 2022 résume ainsi l'épreuve : « à la croisée de deux disciplines, littérature et philosophie, cette épreuve requiert des compétences complémentaires : capacité d'analyse et de conceptualisation du sujet, maîtrise de l'argumentation et de la réflexion, élaboration de l'exposé dans une langue correcte, suffisamment riche et nuancée pour pouvoir exprimer des idées abstraites et développer un raisonnement critique ».

C'est pourquoi cet ouvrage « Tout-en-fiches » développe les différentes façons d'analyser le thème de l'année « faire croire » en ses diverses acceptions, ainsi que les notions qui en dépendent. Les candidats se formeront ainsi eux-mêmes à la méthode d'analyse au fil des fiches, et des conseils méthodologiques qu'ils trouveront par ailleurs exposés à la fin de ce livre. Prenons le cas du programme de 2022 dont le thème était « L'enfance ». Le jury de Centrale-Supélec a donné pour sujet une phrase qui n'employait justement pas le terme d'« enfance » mais celui d'« enfantin », afin de départager les candidats : d'une part ceux qui ont plaqué un cours sur l'enfance, faisant un hors-sujet, et d'autre part ceux, plus rares, qui ont exploité le sens spécifique d'« enfantin » en le distinguant précisément de l'enfance. Le rapport du jury du Concours commun Mines-Ponts de la même année pointe de son côté de mauvaises copies « allant jusqu'à confondre « enfance » et « enfant ». La fragilité de l'enfanCE, comme période qui s'efface et disparaît avec le temps, est devenue sous leur plume la fragilité de l'enfanT, face au monde et aux adultes ». L'enfant est une personne, l'enfance est une période. Ce sont de telles distinctions qui structurent les fiches qu'on va lire sur le thème de cette année : « faire croire ».

Les jurys mettent régulièrement en garde contre ce réflexe qui consiste à réciter un cours tout fait au lieu de traiter le sujet du concours dans sa formulation originale : « dans cette hâte, le concept central du texte, « l'enfantin », a trop souvent été ramené à l'enfance, sans prise en considération de sa caractérisation ». Le rapport épingle en outre la confusion fréquente chez les candidats entre « enfantin » et « infantile »… On le voit, la valeur de la dissertation dépend directement de la qualité de l'analyse du sujet. C'est pourquoi ce livre met en pratique la méthode que les candidats devront utiliser dans leurs copies. Les distinctions entre termes voisins qui sont produites au fil des différentes fiches (par exemple entre **faire croire** et **faire accroire** ; entre **démontrer, convaincre** et **persuader** ; ou encore entre **vérité** et **véracité**, etc.) sont bien sûr nécessaires pour avoir une compréhension précise et nuancée des enjeux et des œuvres en présence, mais elles contribuent encore et surtout à préparer les candidats à la production de telles distinctions le jour du concours, en voyant ainsi à l'œuvre la méthode pour produire par eux-mêmes celles qu'ils jugeront pertinentes. Il s'agit donc non de modèles à imiter passivement mais d'exemples à reprendre activement.

Pour ce qui est de la seconde exigence, le même rapport de jury de Centrale-Supélec rappelle la nécessité de mobiliser **les trois œuvres** au programme pour chaque idée de la dissertation : il faut « confronter et comparer les œuvres de façon équilibrée et convaincante : souvent un seul exemple vient à l'appui de l'argument. Tel développement néglige un ou deux auteurs. Or, une dissertation comparatiste exige qu'ils soient **tous convoqués dans chaque partie** ». C'est pour répondre à cette seconde attente des jurys que les fiches de ce livre ne traitent pas les auteurs ni les œuvres un à un, mais toujours ensemble, en les regroupant autour des différents problèmes-clés qu'ils posent au thème « faire croire ». Chaque fiche préfigure ainsi une partie de dissertation possible. Des **citations précises** tirées des trois œuvres y servent à chaque fois la position et l'instruction d'un problème spécifique.

En conjuguant dans sa propre rédaction analyses des significations du thème et regroupement des citations-clés des trois œuvres autour d'un même problème qu'elles permettent de poser, cet ouvrage se veut un **outil clé en main** pour la préparation de l'épreuve de Français-Philosophie qui se place lui-même dans l'esprit et les attentes des concours. Les distinctions essentielles entre les notions-clés sont en gras dans le texte. Les références sont données par acte et scène pour ***Lorenzaccio***, par numéro de lettre pour ***Les Liaisons dangereuses*** et de page pour Arendt (***VP*** = « **Vérité et politique** » dans *la crise de la culture*, Gallimard, Folio, 2022 ; ***MP*** = **« Du mensonge en politique »** dans *Du mensonge à la violence*, Le Livre de Poche, 2021). Quand plusieurs citations qui se suivent ont exactement la même référence (même scène du même acte, même lettre ou même page : par exemple ***VP*, p. 330**), tant qu'une autre référence n'est pas donnée (par exemple même œuvre mais numéro de page différent : ***VP*, p. 331**), c'est que c'est la toujours la même que la précédente. Enfin, comme il peut arriver qu'une même citation couvre plusieurs idées, on peut la retrouver dans deux fiches différentes, exploitée ici et là dans des sens distincts. Quant aux citations provenant d'autres œuvres que celles du programme, y compris celles de l'un de nos trois auteurs, leurs références seront précisées entre parenthèses. En même temps qu'elles éclairent le thème étudié et l'enrichissent, le jour du concours elles pourront, selon le sujet, servir d'amorce dans l'introduction ou d'ouverture dans la conclusion de la dissertation (se reporter pour les questions de méthode à la fin du livre). C'est pour cette raison que la plupart d'entre elles ouvrent et concluent les fiches.

Chaque fiche aborde un problème particulier à travers les passages éclairants de chacun des trois auteurs. L'ordre des fiches obéit à une progression de la réflexion qui élargit l'analyse et l'approfondit.

La première fiche analyse le **champ sémantique et conceptuel** de l'expression « faire croire ».

Les trois fiches suivantes portent sur **les trois objets du « faire croire »** : le vrai (fiche 2), pour commencer, afin de ne pas identifier spontanément à tort « **faire croire** » et « **mentir** ». Il est en effet des vérités qui, ne pouvant être définitivement établies ni démontrées, sont l'objet d'efforts pour faire qu'on les croie. La fiche 3 porte sur le faux que l'on cherche à faire passer pour le vrai : faire croire est ici effectivement synonyme de tromper. La fiche 4 aborde enfin le vrai dont on cherche à faire croire qu'il est faux, ce qui représente une autre forme de tromperie.

La fiche suivante se tourne non plus sur les **objets crus** mais sur **le sujet croyant**, en l'occurrence sur **la crédulité** (fiche 5).

Les deux fiches 6 et 7 rendent raison du fait qu'il ne suffit pas de **mentir** pour être cru, et examinent donc les conditions et les procédés nécessaires pour parvenir à **faire croire** à un mensonge, notamment les **procédés littéraires** mis en œuvre par Laclos et Musset. La fiche 6 analyse les relations complexes, obscures et mobiles entre **le vrai et le vraisemblable**. La fiche 7 porte sur les différences entre **stratégies, ruses et stratagèmes** pour faire croire à un mensonge, lesquels relèvent à la fois de la **science** et de **l'art**.

Les deux fiches suivantes interrogent alors **les raisons de faire croire**, c'est-à-dire les différentes finalités qui sont les siennes : pour arriver à ses fins en instrumentalisant autrui et **l'asservir** (fiche 8) ou pour le **libérer** (fiche 9). En dernière analyse « faire croire » ne vise-t-il pas à **« faire faire »** ?

La dernière fiche envisage pour finir la question des usages **politiques de la croyance** et **la morale de la vérité**, passant de l'intime et du personnel au public et au collectif, puis du **pouvoir de mentir** au **devoir de vérité**. Cette politique du « faire croire » et le procès moral du mensonge sont en effet présents chez les trois auteurs au point de constituer à la fois le fil rouge et le sens profond des œuvres au programme. On verra que « faire croire » cause moins un dommage théorique d'ordre intellectuel que des dégâts pratiques d'ordre politique ou moral.

Fiche 1

« Faire croire », de quoi parle-t-on ?

Le programme de cette année se distingue de celui de l'année précédente en cela qu'il ne porte pas sur une notion (le travail) mais sur une locution verbale. Ce qu'il s'agit d'analyser ce n'est donc pas « la croyance » ni le simple fait de « croire » mais bien ce que c'est que « faire croire ». Or, « faire croire » a plusieurs sens.

Mais avant d'étudier plus avant l'idée de « **faire croire** », il importe de préciser que c'est l'expression « **faire accroire** » qui en français signifie « faire croire à quelqu'un une chose fausse », comme le rappelle le *Dictionnaire universel* de Furetière. Il cite cet exemple : « le peuple est si sot qu'on lui fait accroire tout ce qu'on veut ». De là l'expression « en faire accroire » qui veut dire « conter des sornettes à quelqu'un, le tromper par de belles paroles » ; de là aussi celle de « s'en faire accroire » qui a le sens de s'attribuer un mérite qu'on n'a pas.

Le premier sens de l'expression « faire croire » est en effet, selon la définition qu'en donne le dictionnaire *Le Robert*, « faire croire quelque chose à quelqu'un, convaincre, persuader ». Cela implique que faire croire ne signifie pas nécessairement tromper. Le verbe « croire » a le sens de « penser que quelque chose est véritable, donner une adhésion de principe », ce qui n'implique pas que la chose en question soit fausse. Les synonymes de « croire » en ce sens sont : accepter, admettre, penser.

Par exemple : « il ne croit que ce qu'il voit ». Furetière définit « croire » ainsi : « être persuadé de la vérité de quelque chose qui est certaine ». Il cite cet exemple : « on doit croire un honnête homme sur sa parole ». Furetière ajoute qu'en un second sens, « croire » se dit aussi de « l'imagination qu'on a qu'une chose est vraie, quoi qu'elle soit fausse ».

Soulignons donc que l'expression « faire croire » s'entend en trois sens différents : 1) convaincre autrui de la vérité d'une chose ; 2) faire croire qu'une chose est vraie alors qu'elle est fausse ; 3) faire croire qu'une chose est fausse alors qu'elle est vraie. Ces deux derniers sens sont des cas de « faire accroire ».

Si la religion n'épuise pas le champ de la croyance, elle en offre le modèle comme on le voit chez la présidente de Tourvel dont Valmont se réjouit qu'elle « croie à la vertu » et qui ne se propose pas de la détourner de la religion mais de lui faire changer de divinité : « je serai vraiment le Dieu qu'elle aura préféré » (Lettre 6). Du reste madame de Tourvel déclarera à la fin : « je l'aime avec idolâtrie [...] je veux vivre pour le chérir, pour l'adorer » (Lettre 132). Avant de mourir, elle confie à madame de Volanges qu'elle a combattu les ruses de Valmont « avec les armes de la religion alors si puissantes » (Lettre 149). La puissance en question a en réalité cédé devant la séduction, livrant le spectacle d'une guerre de religions, foi en Dieu contre foi en l'amour.

Enfin, si le verbe « croire » renvoie d'abord à la religion, il s'étend aussi à l'économie. Rappelons que le terme de « créance » désigne à la fois l'action de croire, d'ajouter foi, de considérer quelque chose comme vrai, et un crédit financier, le créancier s'opposant au débiteur. Une lettre de créance est une reconnaissance de dette qui suppose que le débiteur tiendra sa parole et reconnaîtra sa dette envers son créancier qui lui a fait confiance, qui lui a donné sa **créance** en lui faisant **crédit**. Le terme de créance réunit l'idée de croyance, de confiance en l'avenir et de parole ou de somme d'argent dus. Une personne crédible est à la fois fiable moralement et solvable économiquement.

Il faut maintenant distinguer « croire » et « faire croire » : si les enfants croient au père Noël, c'est que leurs parents leur ont fait croire qu'il existait. Mais toute croyance ne présuppose pas l'action d'autrui sur celui qui croit. C'est précisément pour ne pas compromettre la vraie croyance en Dieu que Rousseau proscrit le catéchisme de l'éducation des enfants : arrivé à l'âge de seize ans, Émile n'a encore jamais « entendu parler de Dieu » (Rousseau, *Émile*, livre IV). En voulant leur faire croire à Dieu, on produit une **fausse croyance**, non une **foi véritable**, qui endoctrine et maintient l'esprit dans un état de soumission comme on le voit chez la présidente de Tourvel qui est « dévote et [...] cette dévotion de bonne femme [...] condamne à une éternelle enfance » (Lettre 5). Une telle croyance est imposée en excitant dans l'âme les passions, le désir, et plus encore la « crainte », en l'occurrence « l'amour de Dieu » et « la peur du diable ». Sa vie commence et finit au couvent pour y mourir, l'interlude libertin avec Valmont n'ayant finalement qu'hâté « une vraie aliénation de l'esprit » (Lettre 147). L'existence de Dieu, pour Rousseau, ne s'inculque pas, elle se découvre. C'est par l'observation de l'ordre qui règne dans la nature (le cycle des saisons, le mouvement régulier des planètes) qu'arrivé à l'adolescence, le jeune Émile en viendra à croire de lui-même, sans que personne ne l'y ait forcé, qu'un tel « ouvrage » doit avoir pour cause un « ouvrier » puissant, sage et bon. Le personnage de Philippe Strozzi incarne chez Musset cette croyance personnelle qui vient du fond du cœur sans y avoir été mise de l'extérieur. Contre le cynisme de Lorenzo, il affirme les droits souverains de l'intime conviction : « Je crois à tout ce que tu appelles des rêves ; je crois à la vertu, à la pudeur et à la liberté ». (III, 3)

Cela conduit à interroger le **besoin de croire** : n'est-il pas le symptôme d'une conscience qui cherche à tromper l'angoisse de la solitude ? Le chevalier Danceny parle pour tous les êtres humains, ces pèlerins de l'amour qui cherchent leur moitié pour se fuir eux-mêmes : « auprès de toi, les moments même du repos fournissent encore une jouissance délicieuse. Enfin quel que soit le temps, on finit par se séparer ; et puis, on est si seul ! » (Lettre 150)

Il faut donc analyser le « faire » comme « capacité active voire agressive » ou « aptitude à déformer, par la pensée et la parole, tout ce qui se présente clairement comme un fait réel » (*MP*, p. 13)[1]. Mentir c'est faire violence au réel. C'est pourquoi Arendt distingue ce pouvoir de refaire, voire de défaire les faits de « la tendance passive à l'erreur ». On tombe malgré soi dans l'erreur mais on forge activement un mensonge. Il faut ici distinguer « l'erreur » factuelle de « la fausseté délibérée » (*VP*, p. 317 et *MP*, p. 25) : la première **se trompe**, la seconde **trompe**. Cette action sur l'esprit d'autrui est bien décrite par Merteuil à propos de Cécile Volanges : « d'une part, je rétablis auprès d'elle ma réputation de vertu, que trop de condescendance pourrait détruire : de l'autre, j'augmente en elle la haine dont je veux gratifier son mari » (Lettre 38). Plus loin elle constate qu'elle est parvenue à se rendre « maîtresse de l'esprit » (Lettre 63) de Cécile.

Il faut en outre distinguer « **faire croire** » et « **laisser penser** », qui relève d'une stratégie plus insidieuse car plus discrète : faire croire c'est agir sur l'autre et risquer qu'il s'aperçoive qu'on cherche à le tromper, alors que laisser penser, c'est dire sans dire, agir sans avoir l'air d'agir. Valmont réussit à persuader madame de Tourvel qu'il est confondu d'amour en « gardant un moment le silence » (Lettre 125). On peut y parvenir aussi

1. « Vérité et politique » paraît en 1967, pendant la guerre froide, et « Du mensonge en politique » en 1971, en pleine guerre du Vietnam (1955-1975), suite à la publication explosive des *Pentagon papers* dans le *New York Times* révélant aux Américains et au monde entier les mensonges des présidents Truman, Eisenhower, Kennedy et Johnson pour justifier cette guerre injustifiable.

en disant quelque chose que l'on sait que l'autre entendra mais en faisant semblant de se parler à soi-même ou en le disant à voix basse à une seconde personne en faisant semblant de vouloir que la première personne ne l'entende pas. Merteuil laisse Cécile croire qu'elle a accepté d'être sa confidente parce qu'elle a été vaincue par la force de son langage : « j'ai fait la sévère : mais aussitôt que je me suis aperçue qu'elle croyait avoir dû me persuader par ses mauvaises raisons, j'ai eu l'air de les prendre pour bonnes : et elle est intimement persuadée qu'elle doit ce succès à son éloquence » (Lettre 38). Valmont n'intervient pas activement mais se contente de « laisser aller » (Lettre 23) madame de Tourvel dans le récit qu'elle fait de la prétendue générosité qu'il a montrée envers « une malheureuse famille » (Lettre 22).

Enfin, faire croire n'est pas la même chose qu'« **induire en erreur** » : dans ce dernier cas on peut amener l'autre à se tromper parce qu'on se trompe soi-même en soutenant de bonne foi qu'une chose est vraie sans savoir qu'elle ne l'est pas, ou plus simplement en tenant des propos équivoques que l'autre prend dans un autre sens que celui auquel on pensait.

Il faut à présent parler de la notion de « **véracité** » et la différencier de celle de « **vérité** ». La vérité est une propriété de ce qui est vrai : par exemple deux et trois font cinq. La véracité, elle, qualifie, non un objet mais le sujet et plus précisément l'état d'esprit d'une personne qui ne ment pas et n'en a pas l'intention. Littré définit la véracité par « un attachement profond à la vérité ». L'être vérace par excellence, c'est Dieu, puisqu'il « ne peut ni se tromper lui-même ni tromper les hommes » (Littré). Platon se méfie de Gorgias et de son disciple Pôlos, ces sophistes qui « laissent par trop à désirer pour le franc-parler » (*Gorgias*, 487b, trad. L. Robin, La Pléiade). Le « franc-parler [*parrhêsias*] », ou parrhésie, est pour Socrate l'une des trois conditions d'un dialogue authentique. En plus de la condition intellectuelle qui est de savoir [*epistêmên*] de quoi l'on parle, tout dialogue dépend de deux conditions morales : le franc-parler [*parrhêsias*] et la bienveillance [*eunoian*]. On verra en ouverture de la fiche 9 que l'on trouve chez Platon une tout autre interprétation de la véracité de la parrhésie. On parle aussi de la véracité d'un témoignage. La « véracité » (*MP*, p. 13) a, pour Arendt comme pour Platon, une connotation morale, dans son opposition à « l'intention de pratiquer l'insincérité » (*MP*, p. 12). La « bonne foi » ni « la véracité » ne figurent parmi les « vertus politiques » (*VP*, 320 et *MP*, p. 13). La présidente de Tourvel est la sincérité en personne qui dit « simplement ce qui est » et dont la « franchise » permet de « lire dans [son] cœur » (Lettre 128). Sa « candeur naturelle [...] ne lui permet de dissimuler aucun des sentiments de son cœur » (Lettre 133). La marquise Cibo laisse elle aussi parler son cœur malgré elle et dit ses quatre vérités au duc, lui reprochant son despotisme : « Ah ! Je m'emporte, je dis ce que je ne veux pas dire » (III, 6).

Faire croire, au sens plein et actif, est donc une action volontaire. S'il s'agit de faire délibérément croire quelque chose de faux, faire croire a le sens de berner (voir les fiches 3 et 4). Si c'est à la vérité qu'il s'agit de faire croire, faire croire prend alors le sens de convaincre (voir la fiche 2).

Il est important de ne pas réduire « faire croire » à mentir. Mentir constitue bien sûr une modalité essentielle de faire croire, mais ce n'en est que l'une des modalités. L'extension de faire croire déborde le fait de mentir, au point que l'une de ses modalités prend un sens contraire à mentir : s'efforcer de convaincre quelqu'un d'une vérité que l'on ne peut pas démontrer ou qu'il se refuse à croire. Il faut ici distinguer **démontrer**, **convaincre** et **persuader** : la **démonstration** est l'établissement rationnel d'une vérité indiscutable qui s'impose à la raison de tous ; la **conviction** est un sentiment personnel ou collectif, posé et raisonné de la vérité d'une chose qui n'est pas démontrable ; la **persuasion**, elle, est la réception passive et immédiate d'une impression de vérité, impression qui peut tout aussi bien être trompeuse, impression personnelle voire collective mais jamais universelle. La persuasion signe le triomphe de l'apparence sur la réalité. Elle mobilise essentiellement, mais pas exclusivement, la parole. Valmont par exemple contrefait « le timbre de Dijon » (Lettre 34) pour faire croire à la présidente de Tourvel que cette lettre qu'il lui envoie (Lettre 36) est une lettre de son mari qui se trouve dans cette ville. Elle se laisse prendre au piège des apparences et ouvre en public la lettre sans se méfier, l'expression de son visage trahissant « son embarras ». À la différence de démontrer et de convaincre qui font référence à une vérité objective, persuader relève d'une indifférence référentielle qui peut donner l'apparence de la vérité à une chose aussi bien qu'à son contraire. Les sophistes, tels que Platon les dépeint, excellent dans l'art de persuader tantôt que le grand est petit, tantôt que le petit est grand. Cet art, c'est celui de l'avocat qui fait paraître l'injuste juste, et inversement comme le dit Platon dans le *Phèdre* (261d). Avec la persuasion, la pensée, le langage et même le raisonnement, s'affranchissent de la tutelle de la vérité pour devenir autonomes, autosuffisants. Le mot dit : « la chose, c'est moi ». En dehors du démontrable, « la tromperie n'entre jamais en conflit avec la raison » (*MP*, p. 16). Démontrer dispense de faire croire. Le problème est donc celui de la limite glissante entre convaincre et persuader.

Le propre de l'art de persuader est de contrefaire le raisonnement rigoureux et de brouiller la distinction entre démontrer, convaincre et persuader. Telle est la fourberie de la persuasion de se faire passer pour une démonstration en développant des « raisonnements captieux » (Lettre 56). La Lettre 68 de Valmont en offre l'illustration parfaite, dans laquelle il annonce d'abord qu'il veut « prouver » à la présidente de Tourvel sa « sincérité ».

Il développe alors un raisonnement par l'absurde[1], partant d'une hypothèse censément fausse : s'il cherchait à la duper, il voudrait obtenir sa « confiance dans le dessein de la trahir ». Or c'est très exactement ce qu'il est en train de faire : chercher à la trahir. Son raisonnement est le suivant : si je voulais abuser de vous (p), je vous mentirais (q) ; or je suis sincère puisque je vous dis que je pourrais vous trahir (non-q) ; donc je ne suis pas fourbe (non-p), je suis sincère. Valmont conclut cette lettre en effaçant la frontière entre la démonstration et la persuasion, au profit de la persuasion qui peut dès lors espérer emporter une conviction qui n'est qu'une persuasion qui usurpe le titre de conviction : « sans être persuadée, vous serez convaincue ; vous vous direz : Je l'avais mal jugé » (Lettre 68).

Si faire croire est un art d'illusionniste, aussi bien l'invention de la perspective par Brunelleschi en 1415 à Florence en offre-t-elle le modèle, en cela qu'elle consiste à donner l'illusion que le fond du tableau, le mur de l'Église ou la coupole sont comme troués par un horizon qui prolonge l'espace réel d'un espace imaginaire, sans que la frontière entre eux apparaisse. La perspective donne « à voir, non la réalité, mais le « vrai », ou son semblant », comme l'explique H. Damisch dans *L'origine de la perspective* (Champs-Flammarion, p. 162). Tout l'art de leurrer consiste en effet à mettre le vrai entre guillemets tout en masquant les guillemets.

Lorsque faire croire prend le sens général de mentir, il faut alors interroger la nature de la vérité qui est dissimulée : est-elle profitable ou nuisible à la personne à qui on la cache ? Arendt situe d'emblée « Vérité et politique » dans cette optique en demandant si la vérité impose un respect absolu, quel qu'en soit

1. Un raisonnement par l'absurde, aussi appelé *modus tollens*, consiste à démontrer la vérité d'une proposition en partant de l'hypothèse contraire pour démontrer qu'elle conclut à une absurdité. Par exemple, pour prouver qu'il y a du vide entre les atomes, Épicure part de l'hypothèse inverse et déduit l'absurdité de celle-ci : s'il n'y a pas de vide (p) alors il n'y a pas de mouvement (q), or il y a du mouvement (non-q), donc il y a du vide (non-p).

le coût. En d'autres termes : mentir au nom d'une vérité dérangeante, voire insupportable, est-ce « légitime » (*VP*, p. 289, note) ? L'honnête tante de Valmont, madame de Rosemonde, ne le pense pas, comme elle le dit à la présidente de Tourvel : « soyez sûre que j'aimerais encore mieux vous affliger que vous tromper » (Lettre 119). Au contraire, le chevalier Danceny cache à Cécile Volanges sa liaison avec Merteuil pour, dit-il, lui épargner la douleur de savoir la vérité : « ménageons sa délicatesse, et cachons-lui mes torts ; non pour la surprendre[1], mais pour ne pas l'affliger » (Lettre 157). Nos intérêts sont bien souvent la mesure subjective des vérités que nous sommes prêts à tolérer. Dès lors, la vérité est déjà par elle-même partiale et de ce fait trompeuse en ce qu'elle suppose l'éviction de toute vérité gênante. C'est la raison pour laquelle Arendt cite la dernière phrase du *Léviathan* de Hobbes* selon laquelle « une vérité qui ne s'oppose à aucun intérêt ni plaisir humain reçoit bon accueil de tous les hommes » (*VP*, p. 292). Le réalisme de la philosophie politique commande de faire « le sacrifice de la vérité » sur l'autel de la « sécurité » (*VP*, 291). Que reste-t-il de vrai dans ces vérités que nous cherchons à « accommoder » (*VP*, 320) à notre confort ? La moindre vérité menaçant le confort collectif « est accueillie aujourd'hui avec une hostilité plus grande qu'elle ne le fut jamais » (*VP*, 300).

*** Avertissement**

L'usage qu'Arendt fait des philosophes qu'elle cite (Platon, Spinoza, Hobbes, Leibniz, Kant) est personnel, pas toujours clair, et parfois en contradiction avec ce qu'ils ont écrit, en sorte qu'il est vain de chercher à établir un rapport à leurs textes et qu'il vaut mieux se concentrer sur ce qu'elle veut dire à travers

1. Surprendre : tromper par ses manœuvres insidieuses ou soudaines.

eux. Par exemple, la pensée « absurde » qu'elle prête à Kant ne se trouve pas chez lui : Kant ne dit pas que le respect de la vérité justifie la destruction du « monde » (*VP*, p. 290) comme Arendt l'affirme. Kant écrit en effet sans équivoque : « s'il y a moins de méchants, le monde n'en périra pas pour cela » (*Projet de paix perpétuelle*, Appendice I, trad. Gibelin, Vrin). Kant met même en garde : l'adage *fiat justicia, pereat mundus* « ne doit pas être mal compris, comme autorisant à user de son droit avec la plus grande rigueur (ce qui serait contraire au devoir moral), mais bien comme obligeant les puissants à ne point faire obstacle au droit d'un individu ». Kant subordonne dans ce texte la maxime égoïste du « bien-être » dont s'autorise le politique sous couvert de droit, à la loi morale universelle du « devoir de droit ». On ne saurait faire grief à Arendt de ces mésinterprétations dans la mesure où elle s'est définie elle-même comme journaliste politique, protestant lorsque Günter Gaus la qualifie de « philosophe » dans son interview à la télévision allemande en 1964. « Vérité et politique » et « Du mensonge en politique » sont deux articles de journaux parus respectivement dans *The New Yorker* et dans *New York Review of books*. Je donne toutefois les références des passages des œuvres de philosophes qu'Arendt cite quand elle-même ne le fait pas.

Le régime de la vérité n'est-il pourtant pas celui du tout ou rien ? Le propre de la réalité n'est-il pas qu'elle « dérange » (*VP*, 320) ? Cette action pour « faire croire » suppose donc une intention, qui peut être un mobile personnel ou collectif, un intérêt privé ou une raison politique. « Faire croire » engage un pourquoi qu'il faut interroger. Le médecin qui fait croire à son patient que sa maladie est curable alors qu'il sait qu'elle ne l'est pas, peut le faire par bienveillance, dans l'intention de ne pas gâter ses derniers jours, pour ne pas l'accabler en lui dévoilant la terrible vérité. C'est ce questionnement qui se trouve à l'origine de *Vérité et mensonge* comme le confie Arendt qui s'interroge pour « savoir s'il est toujours légitime de dire la vérité » (*VP*, p. 289, note).

Ainsi le thème « faire croire » nous installe sur le terrain des relations interpersonnelles, en leurs acceptions affectives, morales, sociales, économiques et politiques : il s'agit de l'action des uns sur l'esprit des autres pour parvenir à leur faire croire quelque chose. Arendt définit la propagande comme « une bataille dont l'enjeu est « l'esprit des gens » » (*MP*, p. 30). Ce peut être l'action d'un esprit sur un esprit, à l'instar des regards que Valmont posent sur sa proie madame de Tourvel qui en parle en ces termes : « je les sentais, il semblait qu'ils réchauffassent mon âme ; et sans passer par mes yeux, ils n'en arrivaient pas moins à mon cœur » (Lettre 108). Le corps peut également agir sur un esprit : un geste, un mouvement, une position du corps, une expression du visage peuvent produire une croyance dans la pensée d'autrui. Valmont joue à merveille le repenti et contrefait les douleurs involontaires de la contrition en faisant semblant de ne pas avoir vu sa tante qui l'observe, spectatrice naïve de ses simagrées : « j'étais déjà au milieu de sa chambre qu'il n'avait pas encore tourné la tête pour savoir qui entrait. Aussitôt qu'il m'a aperçue, j'ai très bien remarqué qu'en se levant, il s'efforçait de composer sa figure [...] Alors il s'est baissé sur moi, pour me cacher, je crois, des marques de douleur, que le son de sa voix me décelait[1] malgré lui » (Lettre 122). Elle croit qu'il n'arrive pas à prendre un air détaché devant elle (« à composer sa figure ») pour lui cacher son émotion alors que c'est une ruse pour lui faire croire qu'il est ému : c'est cette figure qu'il n'arriverait pas à composer qui est une composition. Le conseil que Merteuil

1. Déceler : faire connaître, être l'indice de.

donne à Valmont de préférer les larmes au discours écrit, voire à la parole, relève d'une physiologie de la tromperie : « la facilité des larmes y ajoute encore : l'expression du désir se confond dans les yeux avec celle de la tendresse » (Lettre 33). Là se trouve « la véritable éloquence de l'amour ». Valmont loue l'art de Merteuil en matière de simulation corporelle : « ce n'est pas que votre physionomie exercée n'ait su prendre à merveille l'expression du calme et de la sérénité » (Lettre 151). Pour mieux manipuler Prévan en lui laissant penser qu'il la subjugue, Merteuil joue la prude en jetant sur lui « un coup d'œil prompt, mais timide et déconcerté, et propre à lui faire croire que toute ma crainte était qu'il ne devinât la cause de mon trouble » (Lettre 85). Valmont de son côté simule lui aussi l'expression des sentiments : « je vous crie : écoutez mes prières, et voyez mes larmes » (Lettres 58). Il constate bientôt son triomphe au bouleversement physiologique de madame de Tourvel : « le maintien mal assuré, la respiration haute, la contraction de tous les muscles, les bras tremblants et à demi levés, tout me prouvait assez que l'effet avait été tel que j'avais voulu le produire » (Lettre 125).

Les relations entre personnes où l'une cherche à faire croire quelque chose à l'autre sont par nature asymétriques en ce qu'elles rompent avec la franchise. L'un sait ce que l'autre ignore. À cet égard, la scène entre Philippe Strozzi et son fils Pierre offre un modèle de relation réciproque et de franchise qui permet au désaccord de s'exprimer librement. Le fils et le père ne sont pas d'accord, mais ils sont à tout le moins d'accord sur leur désaccord. Le domaine du faire croire est une relation unilatérale qui suppose l'ascendant de celui qui sait sur celui qui ne sait pas, et qui commence là où finissent les relations réciproques, les désaccords et la libre discussion. Entre Merteuil et Danceny, le rapport de force est inégal, contrairement à ce qu'elle est parvenue à lui faire croire : « tous deux, il est vrai, nous ignorions nos sentiments ; mais cette illusion, nous l'éprouvions seulement sans chercher à la faire naître » (Lettre 148), croit-il. Il parle de passion réciproque alors qu'elle l'a délibérément attiré dans ses filets. Entre Merteuil et Valmont on se dit franchement les choses : « vous parler autrement, ce serait vous trahir ; ce serait vous cacher votre mal » (Lettre 10). Ils ne sont pas dupes l'un de l'autre comme le lui rappelle Valmont, à l'occasion de l'épisode où il la surprend seule avec le jeune Danceny : « Sans doute, Marquise, que vous ne me croyez pas assez peu d'usage, pour penser que j'aie pu prendre le change sur le tête-à-tête où je vous ai trouvée ce soir » (Lettre 151). Si « donner le change » à quelqu'un c'est lui faire passer une chose pour une autre, « prendre le change » c'est se laisser abuser. Elle use en vain envers lui de ses regards les plus faussement sincères auxquels il aurait cru « s'ils avaient su se faire croire aussi bien que se faire entendre » (Lettre 151). Cet échange de *Lorenzaccio* où le fils informe son père du complot qui se trame contre le duc pour rétablir la liberté politique à Florence, est lui aussi vierge de tout espoir de l'un de faire croire quoi que ce soit à l'autre : « PHILIPPE. Parle-moi franchement. PIERRE. Cela est entre nous » (III, 2). Ici, il n'y a pas l'exercice du pouvoir de l'un sur l'autre, mais un échange réciproque entre deux esprits libres. L'envers du thème « faire croire » est donc l'espace démocratique du débat public, et c'est au nom de ce lieu de liberté collective que se conduit la critique de l'hypocrisie politique. C'est bien au nom d'une telle franchise publique qu'Arendt oppose la dissimulation du gouvernement américain et « l'intégrité [...] de la presse » (*MP*, p. 65), véritable « quatrième pouvoir » (*MP*, p. 66), antidote aux mensonges d'État. Elle s'inquiète de la défense du « droit à une information véridique et non manipulée », garanti par « le premier amendement » qui interdit au Congrès de voter une loi « restreignant la liberté de la parole ou de la presse ». Une opinion publique désinformée par une presse corrompue, au service d'intérêts particuliers, privés ou politiques, « n'est plus qu'une cruelle mystification ».

Il faut enfin mentionner les cas où c'est à soi-même que l'on **se fait croire** quelque chose. Il est en effet fréquent d'être la dupe de ses propres désirs. Le moi trompeur et le moi trompé ne font alors plus qu'un. La passion et l'amour-propre en particulier engendrent de ces mensonges que l'on se fait à soi-même. Qui d'autre que nous-mêmes nous met « le bandeau de l'amour » sur les yeux et cultive nos « illusions » (Lettre 6) ? Ce ne sont plus à proprement parler des mensonges, si mentir suppose de connaître la vérité pour pouvoir la cacher délibérément. Dans ces cas-là, **on ne se ment pas, on s'illusionne**. N'est-ce pas le cas de madame de Tourvel lorsqu'elle veut convaincre Valmont qu'il la laisse indifférente : « la certitude où je suis de ne point vous aimer, de ne vous aimer jamais » (Lettre 26) ? Qui d'autre qu'elle-même cherche-t-elle ici à persuader ? Pourquoi éprouve-t-elle le besoin de se répéter (« vous aimer ») et d'en rajouter (« jamais »), sinon parce que sa « certitude » est minée de doutes qu'elle cherche à se masquer à elle-même ? Valmont lit clairement dans ce jeu de dupes qu'elle se joue à elle-même : « Toute sa lettre annonce le désir d'être trompée » (Lettre 70). Lorenzo se figure que le meurtre qu'il s'apprête à commettre n'est pas une décision dont il aurait l'initiative et porterait la responsabilité mais un décret du Ciel, la volonté de Dieu l'utilisant comme un simple instrument d'un plan qui le dépasse : « je n'ai plus été qu'une ruine, dès que ce meurtre, comme un corbeau sinistre, s'est posé sur ma route et m'a appelé à lui. Que veut dire cela ? Tout à l'heure, en passant sur la place, j'ai entendu deux hommes parler d'une comète [...] Suis-je le bras de Dieu ? Y a-t-il une nuée au-dessus de ma tête ? » (IV, 3) Lorenzo perçoit la « comète » et le « corbeau » comme autant de présages de la Providence divine qui agit à travers lui. Ne se fait-il pas ici croire qu'il est comme les Hébreux que Dieu guide dans le désert au moyen d'une « nuée » (*Exode*, 13, 21) ? Ce faisant, il s'innocente à ses propres yeux : l'arme du crime ne serait pas son « épée » mais « l'épée flamboyante de l'archange » (IV, 3). Faire croire, c'est donc aussi et peut-être d'abord se faire croire, **se leurrer**. C'est tout l'intérêt de l'analyse d'Arendt qui met au jour « la tromperie de soi-même » (*VP*, 323). Elle montre que des vérités connues de tous mais dérangeantes seront « spontanément » (*VP*, 300), « consciemment ou inconsciemment transformées en opinions » (*VP*, 301). Elle cite « le soutien de Hitler par l'Allemagne » et la débâcle de l'armée française « devant les armées allemandes en 1940 ». Il y a un consensus des opinions publiques pour se faire collectivement croire qu'aucun de ces faits n'étaient « de l'ordre de l'histoire mais de l'ordre de l'opinion ». C'est ce mystère qu'Arendt étudie, qui fait que la vérité est ici « contredite, non par des mensonges et des falsifications délibérés, mais par l'opinion » (*VP*, 301), par quoi il faut entendre ce mensonge collectif qu'une communauté politique se fait à soi-même.

Seulement la frontière est-elle étanche entre l'intention délibérée de faire croire quelque chose aux autres, le fait de se faire croire à soi-même ce que l'on cherche à faire croire aux autres, et le fait premier de croire ? Il n'est pas toujours aisé de savoir s'il s'agit « de la tromperie consciente ou de l'autosuggestion » (*MP*, p. 12). La marquise de Merteuil se moque du vicomte de Valmont qui se plaint de sa « vieillesse prématurée » (Lettre 6) et tombe sous le charme de la jeune présidente de Tourvel qui lui « a rendu les illusions de la jeunesse » (Lettre 10). De même, si celle-ci le jure à Valmont : « cette lettre est la dernière que vous recevrez de moi » (Lettre 56), ce dernier reçoit bientôt une nouvelle lettre qui commence ainsi : « Je ne voulais plus vous répondre, Monsieur » (Lettre 67).

À l'origine de l'entreprise de faire croire n'y a-t-il pas une croyance de l'auteur de cette entreprise ? Et cette croyance première n'est-elle pas d'autant plus efficace qu'elle est inconsciente ? C'est ce que donne à penser la phrase par laquelle Arendt conclut « Vérité et politique », qui parle « métaphoriquement » de la vérité comme « le ciel qui s'étend au-dessus de nous » (*VP*, p. 336). Arendt ne laisse-t-elle pas ici s'exprimer sa foi personnelle ? La question est difficilement contournable dans la mesure où Arendt inscrit elle-même, dans la Préface (*Crise de la culture*, p. 24), cet article « Vérité et politique » parmi ses essais qui portent sur l'homme en tant qu'il pense et occupe « la région de l'esprit ». Elle renvoie directement « le lecteur » (*VP*, p. 289, note a) de « Vérité et politique » à cette Préface qui en délivre le sens profond, à savoir une « brèche entre le passé et le futur qui est peut-être l'habitat propre de toute réflexion ». Or Arendt y précise ce qu'elle entend par « brèche » (*La crise de la culture*, Préface, p. 24), à savoir « ce petit tracé de non-temps que l'activité de la pensée inscrit à l'intérieur de l'espace-temps des mortels ». Cette « brèche » d'immortalité de l'homme en tant qu'il est « sans âge » et qui « va de pair avec l'existence de l'homme sur la terre » regarde manifestement vers « le ciel qui s'étend au-dessus de nous » (VP, p. 336). En induisant son lecteur à croire au « ciel », Arendt n'écrit-elle pas sous l'influence d'une croyance intime qui la travaille elle-même ? Elle qualifie l'époque à laquelle elle appartient de « désespérée » (*La crise de la culture*, Préface, p. 18), parce que « les veilles questions métaphysiques » sont désormais « dépourvues de sens ». On peut donc légitimement se demander si son projet implicite n'est pas de donner une nouvelle vie à l'espoir métaphysique. Ce qui est clair, c'est qu'elle ne formule pas explicitement de profession de foi, en sorte que la croyance religieuse qui s'exprime à la fin de « Vérité et politique » n'est pas offerte au lecteur comme un objet philosophique de questionnement et de pensée, mais agit en silence sur lui. En parlant de « non-espace-temps » (*La crise de la culture*, Préface, p. 24), Arendt donne à penser à son lecteur qu'il est devant un concept philosophique lorsqu'elle lui fait subrepticement croire à ce à quoi elle-même croit : le ciel éternel.

Ce que Laclos fait croire à son lecteur de ce que pensent et vivent les femmes ne reflète-t-il pas la croyance qu'il a de leur soumission naturelle ? Le récit de « l'attaque » (Lettre 96) de Cécile par Valmont relève de la prédation masculine, en un mot du viol. Valmont raconte qu'il n'a eu pas eu recours à « la finesse », ni à aucune « séduction », seulement à « la force » : « rendant à l'homme ses droits imprescriptibles, je subjuguais par l'autorité ». Or la confession que Cécile fait à Merteuil finit, comme par enchantement, par coïncider avec la version de Valmont : « ce que je me reproche le plus, et dont il faut pourtant que je vous parle, c'est que j'ai peur de ne m'être pas défendue autant que je le pouvais. Je ne sais pas comment cela se faisait : sûrement, je n'aime pas M. de Valmont, bien au contraire ; et il y avait des moments où j'étais comme si je l'aimais... Vous jugez bien que ça ne m'empêchait pas de lui dire toujours que non ; mais je sentais bien que je ne faisais pas comme je disais [...] Il est vrai que ce M. de Valmont a des façons de dire, qu'on ne sait pas comment faire pour lui répondre : enfin, croiriez-vous que quand il s'en est allé, j'en étais comme fâchée, et que j'ai eu la faiblesse de consentir qu'il revînt ce soir » (Lettre 97). Ne faut-il pas voir là l'expression d'une conception masculine unilatérale projetée sans scrupules sur les femmes, effaçant de la sorte la victime sous le mythe de la prétendue complice des fantasmes de l'homme. Dans la vision de Valmont, Cécile « a cédé d'abord et fini par consentir » (Lettre 96). Laclos, qui écrit, ne nous fait-il pas croire à ce qu'il veut croire : que la femme est par nature soumise et son désir identique au fantasme masculin ? Toutefois, le lendemain, Valmont trouve dépité « sa porte fermée en dedans » (Lettre 99). La Lettre 81 de Merteuil, et plus encore le personnage lui-même de cette marquise veuve, indépendante des hommes, plaide elle aussi pour une lucidité de Laclos sur l'inégalité de la condition féminine (voir la fin de notre fiche 9).

Il sera ici question à la fois d'hypocrisie, puisque *hypocrites* désigne en grec le comédien, celui qui joue un rôle, et de masque, puisque le terme latin *persona*, qui signifie le masque de l'acteur et le rôle, a donné en français aussi bien « personne » que « personnage ». Cette polysémie nous installe au cœur de notre problème : comment savoir si c'est la personne qui parle ou le personnage qu'elle joue ? Valmont s'amuse à jouer aux yeux naïfs de Danceny, « à la fois son ami, son confident, son rival et sa maîtresse » (Lettre 115), puisque c'est lui qui dicte la lettre de Cécile à Danceny (voir la Lettre 117). Une estampe de Marguerite Gérard (collaboratrice et belle-sœur de Fragonard), gravée par Jean Louis Charles Pauquet, qui illustre une édition des *Liaisons dangereuses* de 1796, représente Valmont avec Cécile Volanges la plume à la main, écrivant « sa » lettre sous sa « dictée » (Lettre 115).

Fiche 2

Faire croire que le vrai est vrai

On risque spontanément d'identifier « faire croire » et « mentir » alors que l'on peut avoir à faire croire que le vrai est vrai. *Stricto sensu*, il faudrait réserver, on l'a vu, l'expression « **faire accroire** » pour dire « mentir, persuader », et employer « **faire croire** » pour signifier « convaincre de la vérité », comme on le vérifie dans cette lettre de Valmont au sujet de Cécile qu'il veut initier aux plaisirs de l'amour avant que sa mère ne l'en prive irrévocablement en la mariant : « j'espère qu'en lui faisant accroire qu'il ne lui est permis de se livrer à l'amour que pendant le peu de temps qu'elle a à rester fille, elle se décidera plus vite à n'en rien perdre » (Lettre 38).

Dans un article du journal *Le Monde* (15-16 novembre 1970) sur les progrès de la biologie intitulé « Croître et multiplier », Foucault remarque que « le savoir n'est pas fait pour consoler : il déçoit, il inquiète, incise, blesse ». Il y a en effet des vérités si dérangeantes que l'on préfère ne pas y croire. N'est-ce pas le cas de l'effondrement de la biodiversité et du réchauffement climatique auxquels, selon une enquête menée à l'occasion de la COP 19 dans trente pays et sur cinq continents, 31 % de l'opinion publique mondiale ne croit pas, laquelle se dit climatosceptique (*L'Usine nouvelle*, 27/11/2019) ? Le film de Davis Guggenheim de 2006 sur le travail du vice-président des États-

Unis Al Gore pour contribuer à l'éducation scientifique des populations au changement climatique s'intitule justement *Une vérité qui dérange* (*An Inconvenient truth*). Bien que le fait soit établi scientifiquement et reconnu par la communauté scientifique internationale, le combat pour y faire croire n'est pas terminé. Pour mémoire, le dernier rapport du Groupe d'experts intergouvernemental sur l'évolution du climat (GIEC) de mars 2023 rappelle d'emblée que « les activités humaines ont, sans équivoque possible, causé le réchauffement global » (« *have unequivocally caused global warming* », *Synthesis report of the ipcc, sixth assessment report* (AR6), § 2.1).

Il en va de l'incrédulité concernant la catastrophe écologique comme de la mort : comme nul ne sait quand elle adviendra, tout le monde finit par ne plus y croire et mène sa vie comme si cet événement inéluctable ne devait jamais arriver. La certitude du fait s'efface en quelque sorte derrière l'incertitude de sa date, la réalité de l'événement disparaît à cause de l'ignorance de ses modalités. En un mot, l'opacité de la quiddité du fait (l'indétermination de son comment), fait que l'on ne croit pas à sa quoddité (la nécessité du fait que), quelque indéniable qu'en soit l'évidence. C'est pour mettre la mort sous le nez des hommes que Pascal écrit *Les Pensées*, et de la sorte, à force d'en marteler l'incontournable nécessité, les forcer à y croire : « le dernier acte est sanglant quelque belle que soit la comédie en tout le reste, on jette enfin de la terre sur la tête et en voilà pour jamais » (édition Lafuma, fragment 165). On le voit, il ne suffit pas qu'une vérité soit **connue** pour qu'elle soit **crue**. Il faut encore parvenir à **faire croire** à une chose que **tout le monde sait**. L'originalité de la philosophie de Pascal est de travailler à faire croire aux hommes à la mort pour les amener à croire en Dieu. Aussi longtemps qu'ils s'imaginent hors d'atteinte de la mort, ils vivent dans le divertissement qui les détourne de Dieu. Le divertissement pascalien saisi dans son concept signifie le mirage de la vie durable, c'est-à-dire temporelle, qui empêche de croire à l'éternité.

Il existe « d'affligeantes lumières » (Lettre 172) qui mettent au jour des vérités que l'on a du mal à croire. C'est pour lui épargner la douloureuse vérité sur sa fille Cécile que madame de Rosemonde prie madame de Volanges de ne pas chercher à savoir : « j'espère, ma chère amie, que vous me connaissez assez pour me croire sur ma parole ; que vous n'exigerez de moi aucune preuve ; et qu'il vous suffira de savoir qu'il en existe une foule, que j'ai dans ce moment même entre les mains ». Les vérités que Madame de Volanges redoute « excèdent » en réalité le pire qu'elle est capable d'imaginer, à savoir que sa fille ait été séduite par Danceny et mise enceinte par lui. Sa lettre où elle demande à madame de Rosemonde de lui répondre si tel est le cas, « est restée sans réponse » (Lettre 173, note), comme nous l'apprend le rédacteur. Et pour cause, la vérité est tout bonnement pour elle l'incroyable même : sa fille a eu des relations avec Valmont qui sont à l'origine d'une fausse-couche. Elle se protège jusqu'au bout contre « cette affreuse certitude » (Lettre 175). Le destin de la vérité semble être de rester « étouffée et sans usage dans le tourbillon de nos mœurs inconséquentes ». Madame de Volanges constate que « notre raison, déjà si insuffisante pour prévenir nos malheurs, l'est encore davantage pour nous en consoler ».

Armé de sa raison, le philosophe a beau redescendre dans la caverne, riche de la vérité, il se heurte à une foule allergique à « son inflexibilité opiniâtre, criante, et dédaigneuse de convaincre » (*VP*, 302). Qu'est-ce à dire sinon que celui qui détient la vérité n'a pas simplement à la partager avec autrui mais doit encore faire son possible pour faire qu'il y croie ? C'est ainsi qu'Arendt lit les dialogues de Platon comme autant de tentatives de Socrate pour « convaincre » ses interlocuteurs de cette vérité qu'il vaut mieux subir le mal que le faire. Socrate étant « incapable de la prouver et de la démontrer », il se heurte à « la force de persuasion inhérente à l'opinion » que le sophiste Thrasymaque manie de façon quasi divine (*VP*, p. 310-311).

Sur ce premier sens, on notera que l'expression « faire croire » engage l'ensemble des procédés argumentatifs ou rhétoriques employés pour parvenir à convaincre quelqu'un de la vérité d'une chose qu'il ne reconnaît pas d'emblée. S'il est besoin de la lui faire croire, au sens de la convaincre de sa vérité, c'est que la personne en question en doute ou n'en est pas convaincue. Le problème qui se pose ici est le suivant : pourquoi une chose vraie a-t-elle besoin d'être soutenue et défendue ? En d'autres termes : comment se fait-il que la vérité ne s'impose pas d'elle-même ? La vérité n'est-elle pas ce qui « crève les yeux » ? Le vrai n'est-il pas, selon le mot de Spinoza dans la 5e Partie de l'*Éthique* (Proposition 43, scolie), *index sui*, à savoir ce qui « se montre par soi-même » sans avoir besoin d'auxiliaire ? Spinoza ajoute qu'en s'indiquant lui-même, le vrai exhibe en même temps sa différence d'avec le faux : « le vrai est index de soi et du faux ». Cela signifie que le vrai certifie par lui-même la vérité du vrai et la fausseté du faux. Pourquoi dans ces conditions une chose vraie aurait-elle besoin d'être crue ? Toute vérité a-t-elle besoin de secours pour être crue ou le besoin de faire croire ne concerne-t-il que certains types de vérités ? Prenons un exemple : y a-t-il un sens à faire croire que la somme des angles d'un triangle est égale à deux angles droits ? Cette vérité ne doit-elle pas être tout simplement démontrée ? Les propriétés géométriques ne sont-elles pas de l'ordre de ces vérités que seule une démonstration est capable d'établir ? Or, sitôt qu'une telle vérité est démontrée n'est-il pas inutile de chercher à faire croire qu'elle est vraie ? En un mot, la rationalité de la **démonstration** ne dispense-t-elle pas de recourir aux prestiges de la **persuasion** ? Mieux encore, vouloir faire croire à la vérité d'une chose qui se démontre, ne serait-ce pas risquer de brouiller en pure perte la clarté d'une certitude rationnelle en la compromettant avec la confusion d'arguments qui ne sont pas de l'ordre des raisons ? À cet égard, on peut dire qu'à mesure que le domaine des vérités démontrées progresse, celui du « faire croire » régresse.

Arendt cite la distinction que fait Leibniz dans *La Monadologie* (§ 33) entre les « vérités de raisons » et les « vérités de faits » (*VP*, p. 294) qui pose le problème de la différence entre l'objectivité des vérités démontrées et la réalité des faits du passé : les premières peuvent être reproduites à volonté par un travail de la raison ; les secondes ne peuvent plus revenir. On peut refaire une démonstration mais les événements du passé ne risquent pas « d'être un jour redécouvert » (*VP*, p. 295). Ils n'existent plus que dans le souvenir où ils menacent de s'effacer. Concernant ces vérités de fait, « nous voyons immédiatement combien elles sont plus vulnérables que toutes les espèces de vérités rationnelles » (*VP*, p. 294). Les événements historiques sont par nature menacés d'oubli : « une fois perdus, aucun effort rationnel ne les ramènera jamais » (*VP*, p. 295). Sur le terrain des faits historiques, « l'affirmation d'une vérité possède une singulière opacité » (*VP*, p. 308). N'étant pas susceptible de démonstration, elle ne peut qu'être « rendue transparente » au terme d'un cheminement de l'opinion elle-même qui s'élève progressivement à la crédibilité. Se pose ici le problème de faire croire au vrai qui n'est « ni évident en soi ni démontrable » (*VP*, p. 314), seul remède au fait que « la vérité est impuissante » (*VP*, p. 313). Arendt pose la question du rapport nécessaire entre « vérité impuissante » et « pouvoir [...] trompeur [...] insoucieux de la vérité » (*VP*, p. 290).

Il semble en effet que les vérités pour lesquelles il est légitime voire nécessaire de faire croire à leur vérité sont celles qui ne sont pas susceptibles d'être démontrées. Ainsi faire croire est ici l'ensemble des activités de l'esprit qui œuvrent pour persuader, au sens de convaincre et non de tromper, de la vérité de l'indémontrable. Comme le dit Pascal, « l'instrument par lequel la persuasion se fait n'est pas la seule démonstration » (*Pensées*, Lafuma, frg. 821). Citons trois exemples-clés : l'existence de Dieu, l'immortalité de l'âme, le sentiment amoureux. Comment en effet démontrer à un athée que Dieu existe et qu'il y a une vie après la mort ? Ce dernier n'aura-t-il pas beau jeu de répliquer, à la façon de Dom Juan, qu'il ne croit que ce qui se peut démontrer, comme on le voit dans cet échange avec Sganarelle, son serviteur, dans la pièce de Molière, *Dom Juan ou Le Festin de pierre* (acte III, scène 1) :

> « SGANARELLE
>
> Je veux savoir un peu vos pensées à fond ; est-il possible que vous ne croyiez point du tout au Ciel ?
>
> DOM JUAN
>
> Laissons cela.
>
> SGANARELLE
>
> C'est-à-dire que non ; et à l'Enfer ?
>
> DOM JUAN
>
> Eh.
>
> SGANARELLE
>
> Tout de même ; et au Diable s'il vous plaît ?
>
> DOM JUAN
>
> Oui, oui.
>
> SGANARELLE
>
> Aussi peu ; ne croyez-vous point l'autre vie ?
>
> DOM JUAN
>
> Ah, ah, ah.

SGANARELLE

Voilà un homme que j'aurai bien de la peine à convertir ; et dites-moi un peu, le Moine bourru, qu'en croyez-vous ? eh !

DOM JUAN

La peste soit du fat.

SGANARELLE

Et voilà ce que je ne puis souffrir, car il n'y a rien de plus vrai que le Moine bourru ; et je me ferai pendre pour celui-là ; mais encore faut-il croire quelque chose dans le monde, qu'est-ce donc que vous croyez ?

DOM JUAN

Ce que je crois.

SGANARELLE

Oui.

DOM JUAN

Je crois que deux et deux font quatre, Sganarelle, et que quatre et quatre font huit ».

« Cette affirmation : deux et deux font quatre » (*MP*, p. 15), pour prendre l'exemple d'Arendt cette fois, est effectivement « invulnérable ». Arendt délimite ici l'étendue exacte du domaine des vérités auxquelles il faut arriver à faire croire, domaine qui commence là où cessent les vérités démontrables. Ce sont, on vient de le voir, les vérités de la foi et les vérités de fait, mais ce sont aussi, éminemment, les vérités du cœur qui, échappant à l'ordre des raisons, semblent retranchées dans les replis de l'âme inaccessibles à la démonstration. C'est bien connu, il n'y a pas de preuve d'amour. Loin que ces vérités indémontrables qui demandent à être crues doivent être dépréciées au profit des vérités démontrées, ne concernent-elles pas au fond ce qu'il y a de plus précieux ? C'est le sens de cet aphorisme de Nietzsche dans *Le crépuscule des idoles* : « ce qui a besoin d'être démontré pour être cru ne vaut pas grand-chose ». **L'indémontrable** ne coïncide-t-il pas avec **l'inappréciable**, ce qui n'a pas de prix parce qu'il a trop de valeur ? S'il suffisait d'un « je t'aime » pour convaincre l'autre de notre amour, celui-ci ne serait pas ce champ de bataille où règne l'inquiétude que nous connaissons, mais un havre de paix idyllique et bientôt ennuyeux. Le duc dit de « la Cibo » qu'il est sûr de posséder : « elle m'ennuie déjà » (II, 4). Cet échange de lettres entre Cécile et Danceny (Lettres 30 et 31) est révélateur à cet égard : les assurances d'amour qu'elle accumule – « je vous assure bien que vous vous trompez, et j'espère qu'à présent vous n'en doutez plus » (Lettre 30) – n'éliminent pas pour autant chez lui un « sans doute » (Lettre 31) ; et réciproquement le « serment » d'amour qu'il lui témoigne de son côté – « soyez sûr que je ne le trahirai pas » – n'empêche pas qu'un soupçon de jalousie ne lève chez elle : « c'était donc bien agréable, le souper où vous alliez, car vous y avez été de bien bonne heure ? » (Lettre 30). Sa lettre se conclut d'ailleurs par « j'espère ». Loin de disparaître ni même de s'estomper, l'inquiétude gagne le chevalier qui écrit plus tard : « je ne puis croire pourtant que ce talisman de l'amour ait perdu toute sa puissance, et j'essaie de m'en servir encore. Oui, ma Cécile, *je vous aime*. Répétez donc avec moi cette expression de mon bonheur » (Lettre 46). Faute de pouvoir produire des preuves objectives de sa réalité, le sentiment amoureux en est réduit à recourir à « ce talisman », soit un signe du ciel doué de puissance surnaturelle : « je vous aime ». Et si Danceny doit sans cesse « répéter » à Cécile qu'il l'aime, c'est que l'amour ne saurait être prouvé une fois pour toutes. Cécile en retour éprouve le besoin de lui « répéter cent fois que je vous aime » (Lettre 156). Dans cette itération sans fin, le serment d'amour se dédit à mesure qu'il se redit, jetant le doute sur la sincérité de la déclaration : à quoi bon en effet le redire, si c'est vrai ? Et voilà le besoin de faire croire qui, au lieu de produire la croyance espérée, fait lever dans l'esprit de l'autre le poison du doute. Toute la réalité inquiète de l'amour qui fait qu'on n'arrive jamais à y croire tout à fait est exprimée dans cette affirmation en forme d'interrogation de Danceny : « Vous m'aimez, n'est-ce pas ? » (Lettre 72) Le doute gagne et la même lettre bascule du soupçon à l'inquiétude d'« un amour trahi » : « Ah ! si jamais vous deviez m'aimer moins ». Il suffit d'un mot équivoque de Valmont qui cible par prétérition la fidélité de Cécile envers Danceny – « ce n'est pas que je soupçonne votre maîtresse d'inconstance » (Lettre 89) – pour que le **doute** s'immisce dans l'esprit de celui-ci et qu'il dégénère en **soupçon**. Inquiété, Danceny écrit aussitôt à Cécile : « je n'ose soupçonner votre amour, sans doute aussi vous n'oseriez trahir le mien. Ah ! Cécile… » (Lettre 93). Faute de pouvoir posséder la **paix du savoir**, il en est réduit aux **incertitudes de la croyance** : « Pardon, ma Cécile ; cette crainte n'est pas un soupçon. Je crois à votre amour, à votre constance. Ah ! je serais trop malheureux si j'en doutais » (Lettre 116). Celle-ci en réponse s'inquiète de la fragilité de sa confiance : « qu'est-ce qui a pu vous faire croire que je ne vous aimais plus ? » (Lettre 94).

Hélas, l'amour ne se prouve pas, il s'éprouve. Le moyen d'être certain « si vous m'aimez réellement » (Lettre 156) ? Ce « si » que Cécile adresse à Danceny contamine la certitude déclarée. À défaut de jamais pouvoir démontrer à l'autre qu'on l'aime, on ne peut que le lui montrer. Il n'y a qu'un « homme jeune » (Lettre 57) pour croire que le fait qu'une femme accorde « des faveurs » est « la preuve de l'amour ». « Un homme *usagé* » sait lui d'expérience quelle double pensée peut se cacher dans un corps ostensiblement offert. C'est ce que Merteuil rappelle à Valmont qui a écrit une lettre argumentée à madame de Tourvel : « par hasard, espérez-vous prouver à cette femme qu'elle doit se rendre ? Il me semble que ce ne peut être là qu'une vérité de sentiment et non de démonstration ; et que pour la faire recevoir, il s'agit d'attendrir et non de raisonner » (Lettre 33). En l'occurrence, ce sont les actions plutôt que les discours qui parviennent à faire croire à l'autre qu'on l'aime. C'est du reste ce que confirme la présidente de Tourvel qui déclare au comte de Valmont qu'elle l'a cru « tant que votre conduite à mon égard avait pu me faire croire que vous aviez bien voulu ne me pas confondre avec cette foule de femmes qui toutes ont eu à se plaindre de vous » (Lettre 41). Danceny en est réduit au désir par nature miné de doutes « de voir dans nos yeux, de sentir dans nos âmes que ce serment ne sera pas trompeur ! » (Lettre 65). Quelle que soit l'apparente franchise des échanges entre Valmont et Merteuil, celle-ci ne peut tout à fait le convaincre quand elle lui assure : « je vous aime toujours beaucoup, et je me prépare à vous le prouver » (Lettre 145). D'ailleurs, si dans cette lettre elle lui jure qu'il sera « le premier informé » quand elle sera à Paris, dans la suivante elle informe Danceny de son retour et lui « demande le secret sur mon arrivée, Valmont même n'en sera pas instruit » (Lettre 146).

Il en va de même en amitié et c'est la raison pour laquelle sous les traits rieurs d'un ami peut se dissimuler un traître qui attend son heure pour nous frapper. Danceny prend Valmont pour son « ange tutélaire » (Lettre 65) tandis que Cécile s'exclame : « mon Dieu, que je l'aime, madame de Merteuil ! elle est si bonne » (Lettre 29), alors que celle-ci complote avec Valmont dans leur dos. Elle croit même voir « une preuve » de cette amitié dans la supposée franchise de Merteuil qui veut lui apprendre « à mieux écrire » : « car, vois-tu, elle me dit tous mes défauts, ce qui est une preuve qu'elle m'aime bien ». Le « car » confirme que Cécile fait une démonstration qui conclut à l'amitié. Le fait qu'elle remarque que cette amitié soudaine et complète soit « bien extraordinaire » signale la fragilité de la preuve en question. C'est tout l'intérêt du genre littéraire des échanges épistolaires que de mettre en scène les coulisses d'une conscience abusée.

Comble de ces vérités indémontrables qu'il faut crédibiliser, la mort de Socrate, laquelle, selon Arendt, s'explique comme un « enseignement par l'exemple » (*VP*, p. 315). N'ayant pas pu prouver à ses concitoyens, adversaires comme amis, qu'il vaut mieux subir l'injustice que la commettre, Socrate a ainsi eu recours, pour donner du crédit à cette vérité philosophique, « à un mode plutôt inhabituel de persuasion » (*VP*, p. 315). Le vrai éthique, à la différence du vrai mathématique qui est démontré, ne peut être au mieux qu'« avéré et validé ». Le vrai que l'on ne peut démontrer, les « exemples » (*VP*, p. 316) le montrent. Jésus, François d'Assise, Socrate, pour reprendre les exemples d'Arendt, incarnent tous « une vérité exemplaire » (*VP*, p. 316). Faute de pouvoir lui faire la démonstration de la duplicité de Valmont, Madame de Volanges prie la présidente de Tourvel de se fier à l'amitié qu'elle lui témoigne : « si mes raisons ne suffisent pas pour vous persuader, cédez à mon amitié ; c'est elle qui me fait renouveler mes instances, c'est à elle à les justifier » (Lettre 32). Cette dernière continue néanmoins d'avoir du mal à y croire : « M. de Valmont doit être en effet infiniment dangereux, s'il peut à la fois feindre d'être ce qu'il paraît ici, et rester tel que vous le dépeignez » (Lettre 37). Et à la fin, sorte de corbeau tragique au féminin, honteuse et confuse, elle le reconnaîtra trop tard : « Je meurs pour ne vous avoir pas crue » (Lettre 147). C'est la conclusion désespérée que Madame de Volanges donne aux *Liaisons dangereuses* : « ces réflexions tardives n'arrivent jamais qu'après l'événement » (Lettre 175).

S'il y a besoin de faire croire une vérité, cela peut tenir aussi, moins à la vérité elle-même qu'à la personne qui refuse ou ne parvient pas à y croire. La nécessité de faire croire au vrai tient cette fois aux résistances que le sujet oppose à cette vérité. Cela peut être dû à l'état de savoir du sujet en question, si la vérité excède ses connaissances : une vérité qu'il ignore prend alors pour lui l'apparence de **l'incroyable** au sens de l'impossible à croire. Le refus de la vérité peut aussi dépendre des attentes du sujet : une vérité débordant son horizon d'attente lui semblera relever de **l'impossible**. Lorsque Louise meurt soudainement « empoisonnée », son père Philippe ne peut pas le croire : alors que la didascalie dit « *elle meurt* », il appelle « un médecin ! », il veut croire à « un étourdissement, n'est-ce pas ? » (III, 7). Son esprit se révolte contre cet événement inimaginable : « Mon enfant ! es-tu morte ? es-tu morte ? » La répétition exprime bien le rejet mécanique d'un esprit qui se refuse à croire à « un meurtre inouï ! ». Le réel a pourtant parfois les traits de l'impossible, quoi qu'en dise cet autre convive : « elle ne peut pas être morte ainsi tout d'un coup ». Le croyable n'est pas la mesure du réel. Ce meurtre incroyable a été fomenté par le duc en utilisant un domestique de Salviati qui a mis du poison dans le verre de Louise, lui faisant croire que c'était une simple boisson. Philippe en est « frappé de la foudre ». De même, il aura du mal à croire Lorenzo quand celui-ci lui donnera la « clef » de sa chambre où se trouve le duc mort, et réciproquement Lorenzo n'arrive pas à croire que Philippe refuse de prendre la place du duc pour installer un pouvoir enfin républicain :

> « LORENZO. Cette clef ouvre ma chambre, et dans ma chambre est Alexandre de Médicis, mort de la main que voilà.
>
> PHILIPPE. Vraiment ! Vraiment ! Cela est incroyable.
>
> LORENZO. Crois-le si tu veux. Tu le sauras par d'autres que par moi.

PHILIPPE, *prenant la clef.* Alexandre est mort ! Cela est-il possible ?

LORENZO. Que dirais-tu, si les républicains t'offraient d'être duc à sa place ?

PHILIPPE. Je refuserais, mon ami.

LORENZO. Vraiment ! Vraiment ! Cela est incroyable.

PHILIPPE. Pourquoi ? Cela est tout simple pour moi.

LORENZO. Comme pour moi de tuer Alexandre. Pourquoi ne veux-tu pas me croire ? » (V, 2)

C'est aussi le cas dans cette autre scène de *Lorenzaccio* entre le duc et le cardinal où ce dernier, malgré tous ses efforts, ne parvient pas à convaincre le duc que Lorenzo est en route pour le tuer et a préparé sa fuite :

« LE CARDINAL. Prenez garde à Lorenzo, Duc. Il a été demander ce soir à l'évêque de Marzi la permission d'avoir des chevaux de poste cette nuit.

LE DUC. Cela ne se peut pas.

LE CARDINAL. Je le tiens de l'évêque lui-même.

LE DUC. Allons donc ! Je vous dis que j'ai de bonnes raisons pour savoir que cela ne se peut pas.

LE CARDINAL. Me faire croire est peut-être impossible ; je remplis mon devoir en vous avertissant » (IV, 10).

Même lorsque Sire Maurice vient confirmer les dire du cardinal, le duc continue d'en rire :

« LE DUC. Buvez donc un verre de vin, Cardinal. Est-ce que vous ne savez pas que Renzo est ordinairement gris au coucher du soleil ? *Entre Sire Maurice.*

> SIRE MAURICE. Altesse, défiez-vous de Lorenzo. Il a dit à trois de mes amis, ce soir, qu'il voulait vous tuer cette nuit.
>
> LE DUC. Et vous aussi, brave Maurice, vous croyez aux fables ? Je vous croyais plus homme que cela » (IV, 10).

Sire Maurice lui dit alors qu'il peut « prouver » ce qu'il dit, à quoi le duc répond, toujours aussi incrédule : « Asseyez-vous donc, et trinquez avec le cardinal ».

Réciproquement, Lorenzo s'évertue en vain à faire croire à Philippe qu'il est vraiment désabusé des hommes : « Si je te croyais, il me semble que le ciel s'obscurcirait pour toujours » (III, 3).

C'est le même effet que produit involontairement Lorenzo lorsqu'il annonce ouvertement à Alamanno qu'il va tuer le duc. Ce dernier en rit, comme d'une chose impossible, plus risible que crédible : « Tu veux tuer le duc, toi ? Allons donc ! Tu as un coup de vin dans la tête » (IV, 7). Une fois seul, Lorenzo constate que son aveu de la vérité est passé pour un mensonge et qu'il n'a réussi à convaincre personne : « Peut-être que j'ai tort de leur dire que c'est moi qui tuerai Alexandre, car tout le monde refuse de me croire » (IV, 7). Plus il veut faire savoir la vérité moins il arrive à y faire croire. Lorsqu'il décide alors d'annoncer que le duc va être tué mais sans dire que c'est lui qui va le faire, on le croit encore moins. Comment croire à la vérité d'un assassinat sans assassin ?

> « LORENZO. Je viens vous dire que le duc sera tué cette nuit. Tâchez d'agir demain pour la liberté de Florence.
>
> PAZZI. Qui doit tuer le duc ?
>
> LORENZO. Peu importe, agissez toujours, vous et vos amis. Je ne puis vous dire le nom de l'homme.
>
> PAZZI. Tu es fou, drôle, va-t'en au diable ! *Il rentre.*

LORENZO, *seul.* Il est clair que si je ne dis pas que c'est moi, on me croira encore bien moins » (IV, 7).

La même incrédulité se répète avec Roberto Corsini, le provéditeur, à qui Lorenzo dit que « le duc Alexandre sera tué cette nuit » : « Vraiment, Lorenzo ! Si tu es gris, va plaisanter ailleurs » (IV, 7). Chose à remarquer ici, « vraiment », à l'exclamatif, ne signifie pas « en vérité » mais « baliverne ! », « qu'est-ce que tu me chantes là ! ». Lorenzo finit dépité de n'arriver à faire croire à personne qu'il va commettre ce meurtre : « Pauvre Florence ! pauvre Florence ! »

Le propre d'un fait c'est sa « désolante contingence », selon un mot de Kant dans l'*Idée d'une histoire universelle au point de vue cosmopolitique* (Proposition I) que cite Arendt. À la différence des vérités rationnelles qui sont nécessaires, les faits « auraient toujours pu être autres » (*VP*, p. 309). C'est ce « jeu » de la « *contingence* » (*MP*, p. 15. C'est Arendt qui souligne) qui mine les faits, et que l'imagination exploite sans peine, levant du même coup le roulis du soupçon. Cette nature arbitraire du fait se communique inévitablement à l'opinion à qui il est « facile de rejeter la vérité de fait » (*VP*, p. 310). La nécessité d'une vérité de raison donne lieu à un jugement apodictique (certain), mais la contingence d'une vérité de fait grève l'opinion d'incertitude. Aussi les vérités de fait ont-elles toutes les peines du monde à « devenir manifestes » (*VP*, p. 310 et p. 317), autrement dit à faire qu'on y croit, à défaut de jamais pouvoir prouver qu'elles sont vraies.

La subjectivité semble comme le talon d'Achille de la vérité historique dont le propre est qu'« elle est établie par des témoins » (*VP*, p. 303). D'abord, la vérité du témoignage est fonction de la crédibilité des témoins qui doivent être « dignes de foi » (*MP*, p. 15). Par exemple, lorsque Valmont assure à Merteuil que sa maîtresse Émilie « pourrait [lui] rendre compte » (Lettre 138) qu'il a oublié dans ses bras madame de Tourvel, quelle est la crédibilité de ce témoin, dont on sait quelle est la complice habituelle de ses fourberies, dont le corps lui sert à l'occasion de « pupitre » pour écrire ses lettres à madame de Tourvel ? Ensuite, en changeant de témoins la vérité changera, comme le montre la différence des récits nationaux des guerres. Arendt cite les propagandes « des deux côtés durant la période de la guerre froide » (*VP*, p. 326). Le triomphe lumineux de Napoléon à Austerlitz est raconté par Tolstoï dans *Guerre et paix* du point de vue des Russes comme un carnage sanguinaire. L'histoire coloniale est loin d'être univoque et varie du tout au tout selon qu'elle est racontée par le colonisateur ou par le colonisé comme le rappelle Césaire dans son *Discours sur le colonialisme* qui écrit comme colonisé, inversant le point de vue civilisateur du colonisateur : « on me parle de progrès [...] moi je parle de sociétés vidées d'elles-mêmes, de cultures piétinées [...] de millions d'hommes arrachés à leurs dieux, à leur terre ». Le nombre ici ne suffit pas à certifier de la vérité car on peut toujours suspecter « une majorité de faux témoignages » (*VP*, p. 310). Enfin, le fait disparaît avec le témoin : avec la mort des derniers rescapés de la Shoah, le fait des camps d'extermination prête le flanc au négationnisme. C'est pour corriger cette précarité du témoignage qu'Arendt ajoute que la vérité historique « existe seulement dans la mesure où on en parle » (*VP*, p. 303). Un fait, à la différence d'une propriété géométrique, n'existe que dans et par ce qu'on en dit. D'où le rôle essentiel du Mémorial de la Shoah qui a documenté la persécution et l'extermination des Juifs pendant la seconde guerre mondiale, réunissant des preuves du crime contre l'humanité, à partir notamment des archives de la gestapo et du gouvernement de Vichy. Léon Poliakov, en charge du Service de recherches des archives, a notamment eu un rôle déterminant lors des procès de Nuremberg et du procès d'Eichmann.

À cet égard on peut trouver l'exemple des « villages Potemkine » (*VP*, p. 329) que prend Arendt particulièrement mal choisi dans la mesure où, loin d'être un mensonge historique avéré, cet exemple est sujet à caution. Si le prince de Ligne, qui participe au voyage, parle bien d'« escamotage », conscient que l'on ne montre à l'impératrice que les beaux côtés de la Crimée, il qualifie toutefois dans ses *Mémoires* cette histoire de « villages de carton » de « conte ridicule ». Cette légende a sans doute été colportée après coup par un diplomate cherchant à discréditer Potemkine. Ce dernier aurait cherché à faire croire que Potemkine avait voulu faire croire à la réalité de faux villages. Ici, Arendt illustre en quelque sorte à ses dépens « combien [les vérités de faits] sont plus vulnérables que toutes les espèces de vérités rationnelles » (*VP*, p. 294).

Le domaine est vaste de ces vérités qui ne sont ni évidentes ni démontrables, et qui n'ont d'autre certificat de vérité que la crédibilité, jamais avérée, dont on les dote. D'où le désarroi de Cécile Volanges devant les doutes de Danceny eu égard à l'amour qu'elle a pour lui : « moi, quand j'ai dit une chose, et qu'on ne la croit pas, je ne sais plus comment faire » (Lettre 95).

Si les vérités de fait semblent ainsi à la merci du mensonge, elles ne doivent pas pour autant être livrées aux ressources de la rhétorique : il ne s'agit pas pour Arendt d'opposer la crédibilité à la falsification, de se contenter de faire croire aux vérités de fait, mais de mettre au jour leur « caractère despotique » (*VP*, p. 306) et de maintenir que « les faits sont au-delà de l'accord et du consentement » (*VP*, p. 307), tout comme les vérités de raison. Arendt défend ici un réalisme de la vérité, censé la prémunir contre le mensonge. On ne saurait selon elle remettre en doute « l'existence de la matière factuelle » (*VP*, p. 304). Si Arendt revient dans la section III sur la distinction entre « vérité de raison » et « vérité de fait » (*VP*, p. 294) qu'elle a introduite dans la section I de « Vérité et politique », c'est pour poser une définition de la vérité telle qu'elle n'ait pas besoin qu'on travaille à la rendre crédible. Toute vérité, qu'elle soit mathématique ou historique, « n'est pas d'une nature persuasive mais coercitive » (*VP*, p. 305). Elle reprend l'idée de Mercier de la Rivière dans *L'ordre naturel et essentiel des sociétés* (1767, chapitre 24) d'un caractère « despotique » (*VP*, p. 305) des vérités de raison pour l'étendre aux vérités de fait. Pas plus que la vérité de l'assertion « la somme des angles d'un triangle est égale à deux droits » (*VP*, p. 305) ne demande à être crue mais s'impose d'elle-même, l'existence des chambres à gaz n'a pas besoin du secours de la « persuasion », du fait de « la force contraignante de la vérité » (*VP*, p. 306). Elle rappelle à ce titre qu'« il ne suffit pas d'assassiner Trotski et de supprimer son nom de toutes les sources historiques », comme cela se produisit sous l'ère stalinienne, « pour effacer le souvenir du rôle qu'il a joué dans l'histoire de la révolution russe ; il aurait fallu pouvoir supprimer tous ceux qui furent ses contemporains » (*MP*, p. 24-25).

Dans la conclusion de « Vérité et politique », Arendt introduit toutefois la question du sens de la vérité qui réintroduit le rôle incontournable de la fiction et qui gomme la séparation entre « historien ou romancier » (*VP*, p. 334). Elle dégage la nécessité pour les hommes de donner aux faits bruts « une signification humainement compréhensible » (*VP*, p. 333). La fiction devient la voie incontournable pour aller, sinon à la réalité en soi, du moins à la réalité qui a du sens pour nous : « un bon roman n'est aucunement une simple concoction ni une fiction de pure fantaisie » (*VP*, p. 334).

C'est le cas avec la « Préface du rédacteur » des *Liaisons dangereuses* qui vient objecter une série d'arguments (voir la fiche 6 sur le vraisemblable où ils sont étudiés) pour contredire l'« Avertissement de l'éditeur » qui vient de présenter cet ensemble de lettres comme une fiction en confiant au lecteur qu'il a « de fortes raisons de penser que ce n'est qu'un roman ».

Le « rédacteur », lui, souligne les nombreux défauts de cette correspondance qui font croire qu'elle est authentique. Par exemple, l'emploi que fait la marquise de Merteuil du terme de « rouerie » est dénoncé par le rédacteur comme un terme vulgaire et désuet, au moyen d'une note de bas de page dont la ruse littéraire est de certifier ainsi l'authenticité de cette lettre en la situant dans un passé qui lui confère une réalité historique : « ces mots roué et rouerie, dont heureusement la bonne compagnie commence à se défaire, était fort en usage à l'époque où ces Lettres ont été écrites » (Lettre 2). Dans la même intention de faire croire au lecteur à leur authenticité, il déplore dans une lettre de Valmont « le mauvais goût des calembours, qui commençait à prendre, et qui depuis a fait tant de progrès » (Lettre 6, note du Rédacteur). Valmont fait en effet un jeu de mots en passant du sens littéral de l'expression « sauter le fossé » à son sens figuré (se marier). Dans une autre note, le rédacteur explique même qu'il n'a pas publié la totalité de la correspondance mais a « supprimé beaucoup de lettres », notamment « toutes les lettres de Sophie Carnay » (Lettre 7, note 1), ainsi que certaines des « lettres de Cécile Volanges et du chevalier Danceny » (Lettre 39, note 1). Il précise aussi qu'une lettre de Cécile qu'elle évoque dans la Lettre 16 « ne s'est pas retrouvée » (Lettre 16, note 1) et n'a donc pas pu être publiée avec les autres. C'est pourquoi il se corrige en les présentant comme un document plutôt que comme un roman : « cet ouvrage, ou plutôt ce recueil ». Il précise même à la fin que « les originaux subsistent entre les mains des héritiers de madame de Rosemonde » (Lettre 169, note), la tante de Valmont. Le « rédacteur » contribue à faire croire au lecteur à la vérité de cette aristocratie dépravée, méprisante que la Révolution va bientôt décapiter. Le sous-titre des *Liaisons dangereuses* indique explicitement que ce portrait assassin de la noblesse, doublé d'une parodie de la morale du clergé, n'est pas pour elle : « Lettres recueillies dans une société, et publiées pour l'instruction de quelques autres ». Et si Merteuil tourne en dérision le lexique politique en l'appliquant au libertinage qui procède à coup d'« ultimatum » (Lettre 141) et par « traité », où l'on « capitule » (Lettre 145), le fait que Valmont le souligne, sert à moquer cet usage détourné en signifiant par là que la politique est une affaire sérieuse : « je ne désire pas moins de recevoir votre *ultimatum*, comme vous dites si politiquement ! » (Lettre 142). À bien des égards, comme nous le verrons dans la dernière fiche, on peut lire les *Liaisons dangereuses* comme un pamphlet politique prérévolutionnaire.

Quand Arendt présente pour sa part « l'essai comme forme littéraire » dans la Préface de *La crise de la culture* dont est tiré le chapitre « Vérité et politique », elle entend la littérature non comme le domaine de la fiction mais comme ce champ d'« expériences » (p. 26) qui tente de remédier au fait que « la pensée et la réalité ont divorcé » (p. 15). Du reste, elle cite Jefferson disant que le devoir des enfants envers leurs parents s'acquiert mieux « par la lecture du *Roi Lear* que par tous les volumes arides d'éthique et de théologie » (*VP*, p. 316). C'est que Shakespeare ne donne pas à penser mais à voir et à éprouver.

En fin de compte, la « vérité de fait » (*VP*, p. 294) ne demande pas à être simplement constatée mais racontée comme le dit Arendt à propos d'Hérodote, héritier direct d'Homère et qui fut « le premier grand raconteur de la vérité de fait, qui devint le père de l'histoire » (*VP*, p. 335). C'est tout le paradoxe de la vérité, d'avoir besoin que l'on fasse croire à elle : « Qui dit ce qui est [...] raconte toujours une histoire » (*VP*, p. 333). Le film de Steven Spielberg intitulé *Pentagon papers* (2017), qui s'inspire du scandale éponyme qu'analyse Arendt dans « Du mensonge en politique », et qui n'est pas un film documentaire mais une fiction, même s'il utilise quelques images d'archives des déclarations des présidents américains de l'époque, supplée efficacement, par la force de l'imagination, aux défaillances de la mémoire. La fiction ne détourne pas ici de la vérité, mais y reconduit en sauvant ces faits passés de l'oubli et en les lestant de la puissance de l'image. Ce film contribue à rendre crédibles les vérités de fait dont parle Arendt, comme ce scandale « de fâcheuse mémoire » (*MP*, p. 37) dont nous n'avons plus guère le souvenir mais qu'il donne opportunément à imaginer, à savoir la fuite dans le *New York Times* de l'information selon laquelle les États-Unis avaient délibérément pris l'initiative de provoquer le Vietnam pour justifier l'escalade. Il restitue en outre, sur un mode dramatique convaincant, la solidarité entre le *New York Times* et le *Washington Post* dans la lutte pour la liberté de la presse contre les pressions politiques et les menaces judiciaires pour atteinte contre la sécurité de la nation, soit le débat entre liberté de la presse et sûreté de l'État. Quant à la guerre du Vietnam elle-même (1955-1975), le film de Kubrick *Full metal jacket* (1987) la sort de l'abstraction à laquelle la distance historique semble la condamner, en lui inoculant une charge spectaculaire de crédibilité. La seconde partie du film se concentre en effet sur « la désastreuse offensive du Têt » (*MP*, p. 53) qu'évoque Arendt, que la fiction sauve de l'abstraction. Le prodige de la création artistique est de corriger le sentiment d'irréalité inhérent au passé par une impression de réalité obtenue par l'imagination qui lui restitue sa violence. En parvenant à faire croire à la vérité de fait de cet événement historique, le cinéma ne fait rien moins que combattre les dérives des mensonges politiques par les vertus de la fiction artistique.

On ne saurait cependant mettre sur le même plan ces fictions inspirées de fait historiques et des documentaires comme *Shoah* (1985) ou *Sobibor* (2001) de Claude Lanzmann qui filment des témoins directs, à la fois rescapés des camps d'extermination et anciens nazis.

Fiche 3

Faire accroire que ce qui est faux est vrai

Faire accroire, c'est mentir en faisant croire que ce qui est faux est vrai ou que ce qui est vrai est faux. Dans cette fiche nous nous penchons sur le premier cas pour réserver l'étude du second à la fiche suivante.

Le capitaine Achab fait croire à l'équipage que son bateau, le Péquod, est parti en mer chasser des baleines pour faire du commerce, alors qu'en vérité il ne poursuit qu'une seule baleine, la baleine blanche Moby-Dick qui lui a arraché une jambe. L'équipage réalise trop tard que le faux voyage commercial cachait une vengeance personnelle : « Doit-on souffrir docilement que ce vieil homme fou entraîne tout l'équipage d'un navire à sa perte avec lui ? » (Melville, *Moby-Dick*, chapitre 123)

Après le départ paniqué de madame de Tourvel, Valmont ne quitte plus sa chambre et y prend ses repas pour que l'on croie à sa « feinte maladie » car il ne doute pas que celle-ci « ne manquera pas de s'en attribuer l'honneur » (Lettre 110). Le mensonge est double : Valmont n'est pas malade mais passe son temps dans sa chambre à se remettre d'avoir passé la nuit à y débaucher Cécile Volanges ; le départ de madame de Tourvel n'est aucunement la cause de sa maladie censée le forcer à ne plus venir au « salon » du château. Valmont excelle à faire croire à sa « proie » (Lettre 96) qu'il est son meilleur ami : « cette impatience que je faisais naître, je feignais de la partager, et après avoir causé le mal, j'indiquai le remède ». En jouant au malade imaginaire, Valmont entend inspirer « cette pitié qui est un des plus dangereux pièges de l'amour » (Lettre 122). Le jeudi 28 octobre, jour fixé du rendez-vous fatal pour madame de Tourvel, Valmont résume ainsi le succès de son stratagème : « je me suis présenté chez elle en esclave timide et repentant, pour en sortir en vainqueur couronné » (Lettre 125).

Dans la Lettre 104 à madame de Volanges, la marquise de Merteuil développe un faux-semblant de plaidoyer du mariage, adossé sur la soumission que les filles doivent à leurs parents pour leur « choisir un époux » et à la pseudo-condamnation des « enfants rebelles ». Ce plaidoyer en faveur du comte de Gercourt est en vérité motivé par la volonté de Merteuil de se venger de celui-ci. En même temps qu'elle loue « le lien conjugal » et fait à madame de Volanges l'éloge M. de Gercourt, elle redit à Valmont : « l'idée de nuire à Gercourt m'a donné le courage d'en dire du bien » (Lettre 106).

Le modèle du contrat de dupes est fourni par le « billet de la Châtre » (Lettre 57) que Ninon de Lenclos avait signé à la demande de Louis de la Châtre pour jurer qu'elle lui serait fidèle en son absence et qu'elle trahit aussitôt qu'il fut parti. Mentir, c'est par exemple « dire « le soleil brille » quand il pleut des hallebardes » (*VP*, p. 319). La Lettre 52 de Valmont à la présidente de Tourvel offre un exemple type de déclaration mensongère qui soutient ostensiblement le contraire de la vérité. Le Vicomte accumule les expressions emphatiques de « sentiments inaltérables comme les vertus », parle de « la douce confiance, et la seule qui soit sans réserve », et se dit la victime d'« une foule de femmes » : « on m'offrait des plaisirs, je cherchais des vertus ». Tout ceci est clairement faux ! Il lui ment éhontément jusqu'au bout, comme on le voit dans la Lettre 91 dans laquelle il ose lui demander : « qui fut jamais plus respectueux et plus soumis que moi ? ». Plus discrètement, lorsque Merteuil confie à Valmont que l'amour que lui voue son amant, le chevalier, l'« attache véritablement à lui » (Lettre 10) au point que « la tête m'en tourne », dit-elle la vérité ou cherche-t-elle à le rendre jaloux ? Pourquoi préciser « véritablement » si c'est vrai ? La conclusion de la lettre, équivoque en diable, confirme la présence d'une sincérité fantoche qui pense à l'amour quand elle prétend parler d'amitié : « tel est le charme de la confiante amitié : c'est elle qui fait que vous êtes toujours ce que j'aime le mieux ; mais en vérité, le chevalier est ce qui me plaît davantage ». Valmont le reconnaît d'ailleurs : « vous m'avez rendu jaloux » (Lettre 15). Mais est-ce un aveu véritable ou encore une feinte qui prépare sa vengeance ? Lequel croire, de ces deux hypocrites professionnels ?

Sûr de l'emprise qu'il a sur l'esprit chancelant de madame de Tourvel, Valmont ne se propose pas seulement de lui faire croire que ce qui est faux est vrai, à savoir que c'est elle qui l'a méprisé alors que c'est le contraire qui est vrai ; il s'aventure tout bonnement à lui en fournir la démonstration, comme il le rapporte dans cette lettre à Merteuil : « j'en ai fondé la preuve sur la méfiance et l'effroi que j'avais inspirés » (Lettre 125).

L'utilisation de faux prétextes sert ordinairement à masquer les vraies raisons d'une action. Ainsi Lorenzo fait-il croire au duc qu'il cache son épée « sous son chevet » pour qu'il ait « une arme sous la main » (IV, 11) en cas de besoin alors qu'en faisant cela il le désarme pour pouvoir le tuer plus facilement. Dans la même scène, il prétend que s'il a fait préparer des chevaux c'est pour aller voir son frère « qui est très malade » alors que c'est en vue de s'enfuir à Venise après le meurtre pour en informer Philippe Strozzi qui s'y est réfugié. Une raison possible cache ici la raison réelle. Madame de Tourvel, troublée en public d'avoir été dans les bras de Valmont, retourne au métier à tisser pour avoir « l'air » (Lettre 23) de se remettre à l'ouvrage et empêcher que l'on voie « sa main tremblante ». Plus tard le même jour, « la malicieuse malade prétexta un mal de tête », tout comme Valmont afin de pouvoir se retirer dans son appartement pour lui écrire une lettre. Merteuil feint de son côté la « migraine » (Lettre 10) pour faire croire à tous ses « gens » qu'elle doit se retirer de bonne heure dans sa chambre, et c'est en vérité pour aller en « fiacre » rejoindre son amant, déguisée en « femme de chambre » pour garder l'incognito. C'est aussitôt après à son amant qu'elle fait croire qu'elle est « malade » pour feindre de l'éconduire, avant de le faire revenir, « la tête échauffée » par tant d'atermoiement dont Corneille a livré la raison dans *Polyeucte* (acte I, scène 1) : « le désir s'accroît quand l'effet se recule ». Pour être compris dans son sens littéral qui est caché par Corneille sous son sens figuré, ce vers ne doit être pas être seulement lu mais écouté, comme il en va de tout texte de théâtre qui est fait pour être entendu dit par des comédiens : sous « l'effet se recule », le spectateur qui ne lit pas entend « les fesses reculent ». Les mensonges de Merteuil, cornéliens en ce sens, visaient à attiser le désir de son amant : « il ne sait pas cela, lui ; mais, pour son bonheur, je le sais pour deux ».

Arendt refuse à l'historien « le droit de remanier les faits en harmonie avec sa perspective propre » (*VP*, p. 304) et l'astreint au devoir de vérité. Elle n'exclut pas toutefois la possibilité d'« un monopole du pouvoir sur la totalité du monde civilisé » qui lui permettrait de disposer de la vérité à sa guise. Cette hypothèse, d'une manipulation de la vérité des faits à l'échelle de la planète, « est loin d'être inconcevable » (*VP*, p. 304). On ne peut s'empêcher d'imaginer, à l'heure de la surveillance généralisée et de la production mondiale de l'« intoxication » (*MP*, p. 19) présentée comme information, un monde prochain livré tout entier au récit d'un pouvoir global. Notre époque est celle de « la manipulation de masse », de « la fabrication d'images », « des techniques modernes et des mass media » (*VP*, 320-321).

Arendt doute en même temps de la possibilité qu'un mensonge politique puisse « dominer le monde entier » (*MP*, p. 25).

« Lorenzaccio » est le masque de « Lorenzo » : la duplicité de Lorenzo s'exprime en effet dans la dualité des noms qu'on lui donne : Lorenzo qui médite l'assassinat du duc se cache derrière un « Lorenzaccio » peureux, et plus encore derrière « Lorenzetta » (I, 4), ce Lorenzaccio au féminin : ces diminutifs péjoratifs accusent la différence entre le vrai Lorenzo et ses masques publics. Mais le surnom qui dit le mieux cette nature pour ainsi dire amphibie de Lorenzo est celui qu'emploie Alammanno : « Renzinaccio » (IV, 7), qui mélange un diminutif mélioratif (-*rino*) et un diminutif péjoratif (-*accio*). Philippe Strozzi, qui est au courant de ce projet, sait bien différencier « un homme qui s'appelle aussi Lorenzo, et qui se cache derrière le Lorenzo que voilà » (III, 3). Il identifie sous « l'histrion » et la « hideuse comédie » qu'il joue, le vrai visage du Lorenzo républicain. Et s'il peut interroger Lorenzo sur la sincérité de ses sentiments républicains, c'est parce que ce dernier ne cherche pas à le tromper mais lui a confié sa dualité : « Es-tu dedans comme au dehors une vapeur infecte ? Toi qui m'as parlé d'une liqueur précieuse dont tu étais le flacon, est-ce là ce que tu renfermes ? » Du reste, Lorenzo ne reprend son vrai nom qu'au moment où il tombe le masque : « ALAMANNO. Par qui doit être tué Alexandre ? LORENZO. Par Lorenzo de Médicis » (IV, 7).

Salviati échappe aux coups d'épée de Pierre Strozzi en feignant d'avoir été terrassé au premier coup : « il s'est laissé tomber en repliant ses pattes crochues, et il a fait le mort de peur d'être achevé » (III, 2). Sa ruse a consisté à faire croire qu'il était déjà mort alors qu'il était encore en vie. Inversement, à la vue de l'épée que lui tend le duc, Lorenzo « *chancelle* » (I, 4, didascalie) mais on peut penser que c'est une feinte qui vise à faire croire qu'il est couard pour mieux masquer le meurtre de celui-ci qu'il prépare car Bindo, son oncle, l'a « vu faire des armes à Rome »

(II, 4). Aussi est-il probable, lorsque Lorenzo lui répond « l'histoire est vraie, je me suis évanoui », qu'il mente pour lui faire croire qu'il est lâche et masquer ainsi son projet de tuer le duc. Il change d'ailleurs immédiatement de conversation et interroge le marchand de soie Venturi sur son « commerce ». Chose amusante ici, le bourgeois Venturi considère comme une « injure » de l'« appeler marchand » et s'évertue à faire croire qu'il s'y connaît en matière de soie, en écho à monsieur Jourdain que l'on flatte en lui faisant croire que son père n'était pas un marchand mais un gentilhomme qui « se connaissait fort bien en étoffes » (Molière, *Le bourgeois gentilhomme*, IV, 3, cité par F. Naugrette).

Le comble du mensonge qui fait croire que le faux est vrai est atteint lorsque le mensonge est fait pour cacher non le réel mais une fausse représentation du réel. Les protagonistes américains de la guerre du Vietnam ont ainsi menti, moins au bénéfice de leur pays qu'au bénéfice « du prestige, de l'image » (*MP*, p. 30). « La sanglante aventure » (*MP*, p. 28) de la guerre du Vietnam n'avait aucun objectif réel, militaire ou économique, mais un objectif que l'on pourrait qualifier de fantasmatique, à savoir la « formation » et la diffusion d'une « image » (*MP*, p. 30) destinée à « persuader le monde » (*MP*, p. 29) de la toute-puissance américaine. En l'occurrence, 3,8 millions de Vietnamiens civils et militaires tués[1] pour éviter l'humiliation publique d'une défaite. La racine du mensonge est de faire que la réalité du pouvoir ne soit plus « distincte de son image » (*MP*, p. 63). Arendt cite un document des *Pentagon papers* qui parle de « notre leadership mondial ». Il est ici donc question non d'action militaire sur un territoire mais d'action psychologique sur « l'esprit des gens »

1. Robert McNamara *et alii*, *Argument Without End. In Search of Answers to the Vietnam Tragedy*, New York, Public Affairs, 1999, p. 1. McNamara, personnage central du scandale des *Pentagon papers*, à la fois commanditaire du rapport disant la vérité et complice majeur du mensonge d'État, a publié plusieurs textes dans les années 1990 en forme de *mea culpa*.

(*MP*, p. 30). Dans les *Pentagon papers* la guerre du Vietnam est présentée comme une « guerre politico-psychologique » (*MP*, p. 35. Pour la référence note 4). À l'arrivée, en lieu et place d'une réalité objective, factuelle, on a « une réalité subjective » (*MP*, p. 54). Dans son analyse du mensonge, Arendt fait de la psychologie une catégorie politique majeure, et de la politique une catégorie littéraire, en l'occurrence « le mythe périlleux de l'omnipotence » (*MP*, p. 56). Pour Madame de Volanges, la perte de sa « réputation » est le « malheur le plus grand qui puisse arriver à une femme » (Lettre 9). Elle le rappelle à l'imprudente et naïve madame de Tourvel : « l'opinion publique [...] ne suffit-elle pas pour régler votre conduite ? » (Lettre 32) ? Si Cécile ne veut rien faire de mal, c'est qu'elle aussi se soucie de son image : « M. Danceny n'aurait plus bonne idée de moi » (Lettre 16). Sa mère reproche à Danceny de causer « son déshonneur » et lui demande de lui envoyer toutes les lettres de sa fille afin de « ne laisser aucune trace d'un événement dont nous ne pourrions garder le souvenir, moi sans indignation, elle sans honte, et vous sans remords » (Lettre 62). La « honte » n'existe que dans et par le regard des autres. En réponse, Danceny écrit à la mère de Cécile qu'il est conscient de l'importance de la « réputation » de sa fille (Lettre 64). Merteuil réserve la nouvelle de la fausse couche de Cécile due à ses relations avec Valmont « pour le lendemain du mariage » (Lettre 141) prévu avec M. de Gercourt, « pour la gazette de médisance ». Cela veut dire que l'image publique importe plus que le crime qui, tant qu'il est ignoré, ne compte presque pour rien. C'est ce que La Fontaine dit, sur le mode comique, du fait d'être cocu dans son conte libertin intitulé *La coupe enchantée* : « Quand on l'ignore ce n'est rien, quand on le sait c'est peu de chose ». La marquise de Merteuil, on le sait, est une lectrice de ces « contes de La Fontaine » (Lettre 10). C'est parce qu'il sait rendre l'autre « ridicule » (Lettre 32) que Valmont « se fait craindre ».

La réussite de l'entreprise de Valmont et Merteuil pour faire accroire à Cécile ce qui est complètement faux se lit dans cette lettre où elle dit : « ce qu'il y a de vrai, c'est qu'à eux deux ils me rendent bien heureuse » (Lettre 55).

Enfin, l'on peut prêcher le faux pour découvrir la vérité comme Valmont faisant croire à Merteuil qu'il sait tout de son rendez-vous avec Danceny pour la pousser à lui avouer la vérité qu'il ne fait sans doute que soupçonner : « tout est convenu ; on vous attend : et vous brûlez de vous y rendre ! voilà ce que nous savons tous deux, quoique vous ne m'en ayez rien dit » (Lettre 155).

Fiche 4

Faire accroire que ce qui est vrai est faux

La morale du *Petit chaperon rouge* de Charles Perrault met en garde contre les loups qui font croire qu'ils sont des agneaux, voire de petites filles : « qui ne sait que ces loups doucereux, de tous les loups sont les plus dangereux » ? Mère-grand demande : « Qui est là ? C'est votre fille le Petit Chaperon rouge, dit le Loup, en contrefaisant sa voix ». De Valmont aux faucons du Pentagone, en passant par Lorenzo, et sans oublier Merteuil, les loups ne manquent pas qui masquent leur être véritable et passent pour des saints.

Valmont reproche à la présidente de Tourvel d'accorder du crédit à ce que l'on raconte sur ses frasques libertines, c'est-à-dire de croire à la vérité. Il s'efforce de lui faire accroire que cette réputation parfaitement fidèle à la réalité est fausse : « Permettez-moi de vous le dire : je retrouve ici la trace des impressions défavorables qu'on vous a données sur moi. On ne tremble point auprès de l'homme qu'on estime ; on n'éloigne pas, surtout, celui qu'on a jugé digne de quelque amitié : c'est l'homme dangereux qu'on redoute et qu'on fuit » (Lettre 91). De même, Valmont représente comme des « craintes chimériques » (Lettre 58) le danger bel et bien réel auquel sa séduction expose la présidente de Tourvel : « votre imagination se crée des montres ». Il s'efforce ainsi de « lui fermer les yeux sur le danger » (Lettre 110).

La Lettre 52 des *Liaisons dangereuses* offre un *mea culpa* factice, qui glisse sournoisement de « l'aveu » au mensonge. Toute la ruse du vicomte de Valmont consiste à commencer par avouer la vérité pour désarmer la vigilance de la présidente de Tourvel, pour ensuite réamorcer le leurre : il s'accuse d'avoir eu « ce cœur en effet jusqu'ici trop volage », chose qui est on ne peut plus vraie, à cette réserve près qu'il prétend que cela appartient désormais au passé. Il signale alors à madame de Tourvel sa prétendue erreur : « vous vous plaisez à confondre ce que j'étais alors avec ce que je suis à présent ». Celle-ci décrit bien la nature insaisissable des mensonges de Valmont : « Écarté sous une forme, vous vous reproduisez sous une autre » (Lettre 56).

Ce qu'il dit au conditionnel, comme s'il s'agissait d'une simple hypothèse imaginaire, livre en fait la vérité sur son comportement : « il n'eût fallu que vous tromper pour obtenir plus d'indulgence [...] vous me fuyez aujourd'hui comme un séducteur dangereux dont vous auriez reconnu la perfidie » (Lettre 77).

Madame de Volanges voyant sa fille malheureuse envisage finalement de la laisser épouser le jeune chevalier Danceny dont elle est amoureuse plutôt que le vieux comte de Gercourt qu'elle lui destinait (Lettre 98). Afin de faire obstacle à ce revirement qui compromet son intention de se venger de M. de Gercourt qui « avait quitté la marquise de Merteuil pour l'Intendante de *** » (Lettre 2, note du « rédacteur »), Merteuil fait croire à Cécile que sa mère va chercher à l'amadouer en lui faisant croire qu'elle accepte de la marier à Danceny pour lui soutirer « cet aveu » (Lettre 105) afin de la « punir » :

> « votre maman [...] est outrée, et [...] pour vous en punir elle n'attend que d'en être plus sûre. Elle vient de m'en écrire ; elle tentera tout pour obtenir cet aveu de vous-même. Elle ira peut-être, me dit-elle, jusqu'à vous pro-

> poser Danceny pour époux ; et cela, pour vous engager à parler. Et si, vous laissant séduire par cette trompeuse tendresse, vous répondiez selon votre cœur, bientôt renfermée pour longtemps, peut-être pour toujours, vous pleureriez à loisir votre aveugle crédulité.
>
> Cette ruse qu'elle veut employer contre vous, il faut la combattre par une autre. Commencez donc, en lui montrant moins de tristesse, à lui faire croire que vous songez moins à Danceny ».

Tout ce que Merteuil présente comme une « ruse » de madame de Volanges est l'expression de la vérité. La seule ruse ici est la sienne, de faire croire que ce qui est vrai ne l'est pas. Elle n'a d'autre intention que de faire de « la petite Volanges [...] le désespoir de sa mère et de Gercourt » (Lettre 106). Cécile Volanges finit par prendre pour une fausse croyance la vérité même, ainsi qu'elle le confie innocemment à Merteuil, celle-ci vérifiant du même coup que son mensonge a fonctionné : « je vois bien que ce que je croyais un si grand malheur n'en est presque pas un » (Lettre 109). Cécile Volanges réalisera trop tard, que Valmont l'a mise enceinte pour faire croire à M. de Gercourt, son futur mari, qu'il attend un enfant d'elle. Valmont se félicite que « le mari de mon écolière ne courra pas le risque de mourir sans postérité, et que le chef de la maison de Gercourt ne sera à l'avenir qu'un cadet de celle de Valmont » (Lettre 115). La grossesse finira par une fausse couche qui se manifeste par « des maux de reins, de violentes coliques, des symptômes moins équivoques encore » (Lettre 140), ce que Merteuil confirme d'un trait ironique impassible : « je vous fais mon compliment de condoléance sur la perte de votre postérité » (Lettre 141).

Le comble politique du mensonge réside à ce titre dans le négationnisme qui consiste à faire croire que ce qui est vrai est faux, à assurer que ce qui a été n'a pas été. « L'art de récrire l'histoire » (*VP*, p. 318) ne soutient pas que le faux est vrai mais bien que le vrai est faux. Le menteur « veut que les choses soient différentes de ce qu'elles sont [...] il veut changer le monde » (*VP*, p. 319). Par exemple, l'« idéologie » du bloc communiste soutenant qu'« il n'existe pas de chômage » (*MP*, p. 16) à l'Est. Le propre du mensonge politique de notre époque est de porter, non sur des « secrets » mais des choses « connues de pratiquement tout le monde » (*VP*, 321) : tel est le cas de « la réécriture de l'histoire contemporaine sous les yeux de ceux qui en ont été les témoins » (*VP*, 321). Arendt cite le cas de De Gaulle qui a tenté de « bluffer » (*MP*, p. 30) en faisant croire que « la France fait partie des vainqueurs de la dernière guerre » (*VP*, 321). La représentation rétrospective de la Résistante et de la France libre comme une armée régulière occulte le fait de l'absence de la France à la conférence de Yalta, et de l'importance réelle des forces de la France libre et l'état de dispersion de la Résistance dont témoigne Daniel Cordier, le secrétaire de Jean Moulin, dans ses mémoires intitulées *Alias Caracalla*. La vérité du passé dépend de « documents » « qu'on peut tous soupçonner d'être faux » (*VP*, p. 310).

La différence entre le mensonge politique « traditionnel » et le mensonge propre à l'époque moderne se joue donc « entre cacher et détruire » (*VP*, 321). La destruction du réel œuvre à « la fabrication d'une autre réalité » (*VP*, 323). Des « non-faits » se substituent à « la factualité » (*VP*, 323). Lorenzo cherche à réveiller Philippe de son sommeil historique en lui disant que « le tort des livres et des historiens est de nous les montrer différents de ce qu'ils sont » (III, 3). Arendt mentionne le fait que le nom de Trotski « n'apparaît dans aucun des livres d'histoire de la Russie soviétique » (*VP*, 294). Valmont procède lui aussi par dénégation quand il assure à Danceny, au sujet de la nuit qu'il veut qu'il passe avec Cécile plutôt qu'avec Merteuil : « je n'y ai pas d'intérêt » (Lettre 155).

Arendt oriente ensuite son analyse du mensonge en politique du côté du futur. Si le négationnisme est un mensonge par omission, Arendt cible ici un révisionnisme par anticipation. Elle évoque les « villages Potemkine » (*VP*, p. 329) dont l'origine historique renvoie au ministre russe Grigori Potemkine (1739-1791) qui aurait fait embellir les façades des bâtiments des villages de Crimée que devait traverser l'impératrice Catherine II. Il s'agissait de lui cacher la misère des populations et de faire croire à la prospérité de la Russie. La légende raconte même qu'il fit carrément construire de faux villages en carton-pâte.

La force politique du mensonge vient alors du fait qu'il est produit par une collectivité, et « le sentiment d'appartenir à une majorité peut même favoriser le faux témoignage » (*VP*, 310).

Au chapitre des modes de falsification qui font croire que ce qui est vrai ne l'est pas, peut-être le révisionnisme est-il plus retors encore que le négationnisme : celui-ci nie carrément les faits, alors que celui-là les reconnaît mais pour les refaire insidieusement au point de les rendre méconnaissables, de les dénaturer et d'en inverser la véritable signification. Le négationnisme est une « dénégation mensongère », le révisionnisme un « travestissement des faits » (*VP*, 319). Arendt distingue en effet comme deux types de « contre-vérités » (*MP*, p. 25), différentes mais solidaires du « domaine politique », le fait « de nier ou de pervertir toute espèce de vérité » (*VP*, 302), sa « destruction » et sa « modification » (*MP*, p. 13). Elle cite comme exemple du second type « les comptes rendus faussés des dommages causés par les bombardements aériens » (*MP*, p. 12) sur le Vietnam. « La vérité et la politique sont en assez mauvais termes » (*VP*, p. 289) : Arendt rappelle d'emblée ce « lieu commun ».

Il est encore une façon éminemment paradoxale de mentir, qui consiste à dire la vérité pour faire croire qu'elle est fausse. Afin de tromper la prude et honnête madame de Tourvel, le vicomte de Valmont explique à la marquise de Merteuil qu'il a employé ce stratagème qui consiste à dire la vérité pour qu'on n'y croie pas. Il lui a donc dit qu'il était fourbe et libertin : « je lui ai raconté moi-même, et comme en m'accusant, quelques-uns de mes traits les plus connus. Vous ririez de voir avec quelle candeur elle me prêche. Elle veut, dit-elle, me convertir. Elle ne se doute pas encore de ce qu'il lui en coûtera pour le tenter » (Lettre 6). La prouesse de cette tromperie optimale est d'user du minimum de tromperie, voire d'une non-tromperie, comme le remarque Valmont qui donne la raison de ce stratagème : « pour la tromper le moins possible, et surtout pour prévenir les propos qui pourraient lui revenir ». Pour discréditer la mauvaise réputation qui est la sienne, il s'accuse de ce qu'on dit de lui dans l'idée que madame de Tourvel y voie l'expression d'un cœur trop sincère pour être fourbe, ce qu'il est précisément. Celle-ci confirme que le procédé de Valmont a bel et bien fonctionné : « je ne le connaissais que de réputation, et elle me faisait peu désirer de le connaître davantage ; mais il me semble qu'il vaut mieux qu'elle [...] il s'accuse de ses torts avec une candeur rare. Il me parle avec beaucoup de confiance » (Lettre 8). Madame de Volanges tourne, elle, en dérision cette prétendue « candeur de Valmont » (Lettre 9).

Mentir peut également jouer sur le double sens d'un énoncé, en disant une chose dont le sens évident véhicule en secret un tout autre sens latent, comme dans cette phrase prémonitoire qui termine une lettre de Valmont à Cécile : « Adieu, ma belle pupille : car vous êtes ma pupille. Aimez un peu votre tuteur, et surtout ayez avec lui de la docilité ; vous vous en trouverez bien. Je m'occupe de votre bonheur, et soyez sûre que j'y trouverai le mien » (Lettre 84). C'est ce que Merteuil appelle les « conversations à double entente » (Lettre 85).

Tel est aussi peut-être l'aveu que fait la marquise Cibo à son mari : elle lui avoue sans détours qu'elle s'est « livrée à

Alexandre » (IV, 4). Comme un adultère est la chose la mieux cachée du monde, que nul ne dévoilerait jamais de son propre chef, le marquis est sidéré devant cet aveu qui le laisse perplexe au point de lui faire douter de sa vérité : « Êtes-vous folle ? [...] Ceci est-il une comédie, cardinal ? Eh bien donc ! Que faut-il que j'en pense ? » (IV, 4) Loin que le fait de révéler la vérité au grand jour suffise à la rendre indiscutable, une telle franchise paraît si difficile à croire qu'elle jette sur la vérité l'ombre du doute. On peut toutefois douter que la marquise ait réussi à mentir à son mari en lui disant la vérité, aussi bien que Valmont en mentant à madame de Tourvel, comme le laisse penser ce bourgeois de Florence qui dit, à la fin de la pièce, en voyant passer le marquis et sa femme bras dessus bras dessous : « La perle des maris, en vérité ! Avaler ainsi une couleuvre[1] aussi longue que l'Arno, cela s'appelle avoir l'estomac bon » (V, 3). Il vient de préciser que « ce bon marquis n'est pas d'une nature vindicative », ce qui signifie qu'il sait que sa femme l'a trompé mais qu'il ne lui en veut pas.

Valmont va encore plus loin et dit tout de go à madame de Tourvel sa véritable intention dans l'idée qu'elle ne pourra pas y croire : « Où vous croyez voir une action louable, je ne cherchais qu'un moyen de plaire » (Lettre 23). Cette narration est rapportée par Valmont au style indirect dans une lettre qu'il adresse à Merteuil, ce qui exhibe le recul stratégique qu'il a sur ce discours censément sincère qui se trame dans le dos de madame de Tourvel. Il répète la même chose directement à madame de Tourvel, et cette répétition la rend à ses yeux, comme escompté, davantage incroyable : « Je ne veux pas vous tromper, vous ne parviendrez point à vaincre mon amour » (Lettre 24), ce qui est effectivement l'aveu d'une menace. Il joue aussi délibérément la carte de la sincérité incoercible : « mon secret ne m'échappe que

1. Le sens de l'expression « avaler des couleuvres » n'est pas « gober des mensonges », mais prendre sur soi pour accepter une vérité mortifiante ou qui dégoûte.

par faiblesse. Je m'étais promis de vous le taire » (Lettre 23). Merteuil s'accuse devant son amant le chevalier de lui avoir menti : « je me reproche de t'avoir affligé par l'apparence de l'humeur » (Lettre 10). Et elle obtient le résultat espéré par cet étalage de sincérité, qui n'est en vérité qu'un « discours sentimental » : son amant, conquis par sa franchise feinte, lui tombe tout cuit dans les bras. Comme elle le dit, tout l'intérêt de l'amour réside dans « le plaisir de tromper » (Lettre 131).

Fiche 5

La crédulité

S'il y a tromperie, c'est qu'il y a des trompeurs, mais s'il y a des trompeurs, c'est qu'il y a des trompés. Comme le dit d'une rime éloquente et assassine pour les crédules la morale de la fable « Le corbeau et le renard » dans la version de Charles Perrault :

> « Louer en face est une lâche ruse,
> Et pour s'y laisser prendre, il faut être bien buse ».

C'est du côté des buses qu'il faut à présent regarder. Que serait en effet l'efficacité de la tromperie sans la crédulité de la personne abusée ? Celui qui a la « foi du charbonnier » croit dur comme fer à ce à quoi il croit sans se poser de question. Il faut que le corbeau soit bien naïf pour qu'il se laisse prendre aux flatteries du renard, véritable emblème de la ruse. Rousseau proscrit cette fable de la Fontaine de l'éducation d'Émile, lui qu'« on n'a jamais trompé par des louanges » (Rousseau, *L'Émile*, livre IV) et qui, ainsi, n'est pas vulnérable aux discours qui flattent l'amour-propre, lequel est un levier puissant dans les mains des séducteurs, qui attisent « la vanité », laquelle « conduit dans le piège » (Lettre 34). Valmont « a reconnu de bonne heure que pour avoir l'empire dans la société, il suffisait de manier […] la louange » (Lettre 32), armé de laquelle « il séduit ». Le chevalier Danceny mord à l'hameçon du « charme flatteur » dont Merteuil enrobe sa prétendue amitié pour lui : « Mon dieu, que cette femme est aimable ! » (Lettre 116) Il ne voit pas davantage que Valmont se sert de lui pour se venger de Merteuil, puisqu'il le remercie de l'aider et lui dit : « Que ne puis-je vous être utile ! » (Lettre 157)

Dans le post-scriptum de cette lettre à Merteuil, Valmont déclare n'avoir quant à lui aucun « amour-propre » (Lettre 6), ce qui le rend imperméable à la tromperie. Il se tient sur ses gardes pour ne pas « risquer d'être joué » (Lettre 153). En revanche il compte bien exploiter la naïveté de madame de Tourvel : « loin de moi l'idée de détruire les préjugés qui l'affligent ! ». Merteuil quant à elle rappelle que « la haine est toujours plus clairvoyante et plus ingénieuse que l'amitié » (Lettre 113). Madame de Volanges est aux yeux de Valmont « une femme haineuse mais clairvoyante » (Lettre 125). À l'opposé, c'est une mauvaise évaluation de la crédulité des opinions publiques, tant américaines que vietnamiennes, qui explique le fiasco des secrets contenus dans les *Pentagon papers*. Et madame de Rosemonde se trompe fort lorsqu'elle prête de la lucidité à madame de Tourvel au motif qu'elle est éprise de Valmont alors que c'est précisément cet amour qui l'aveugle : « comme les yeux de l'amour sont plus clairvoyants que ceux de l'amitié, je n'ai voulu vous laisser rien ignorer de ce qui s'est passé entre mon neveu et moi » (Lettre 122).

« Un cœur si simple » (Lettre 174) se laisse facilement prendre au miel de paroles doucereuses. Valmont enseigne à Cécile Volanges « le langage de l'effronterie » (Lettre 110), par quoi il faut comprendre le lexique salace des choses de l'amour, et « elle n'imagine pas qu'on puisse parler autrement ! ». Cécile est enceinte, mais avant les premiers symptômes indubitables de sa fausse couche, « elle ne s'en doutait pas » (Lettre 140). La présidente de Tourvel est si naïve qu'elle prend au tragique la mauvaise parodie que lui joue Valmont : « Aussi me précipitant à ses genoux, et du ton dramatique que vous me connaissez :

« Ah ! cruelle, me suis-je écrié, peut-il exister pour moi un bonheur que vous ne partagiez pas ? Où donc le trouver loin de vous ? Ah ! jamais ! jamais ! » » (Lettre 125) Il lui offre une de ces « scènes de désespoirs » dont il a l'habitude, dont les airs « tragiques » ont vite fait de tomber « dans le ridicule ». Madame de Volanges englobe Merteuil dans la fausse évidence d'une pensée commune aux femmes : « je ne crains pas de vous assurer qu'elle-même penserait comme moi » (Lettre 32). Si elle est parfaitement lucide concernant la duplicité de Valmont dont elle avertit madame de Tourvel, elle se leurre sur Merteuil. Il faut dire que celle-ci la berce de paroles, « la cajole tant » (Lettre 106) qu'elle se laisse prendre à son jeu. « L'erreur où est madame de Volanges » (Lettre 9, note 1) est de ne pas soupçonner la complicité secrète entre Merteuil et Valmont. Le crédule est celui qui, tel Philippe Strozzi, voit les autres à travers « les eaux de la réflexion de [sa] propre lumière » (III, 3) : n'ayant nulle idée de trahison, il croit retrouver dans l'esprit des autres son innocence qu'en réalité il y projette. Philippe Strozzi a vécu enfermé dans son cabinet d'étude et n'a des hommes qu'une connaissance abstraite et idéale. Madame de Volanges analyse bien ce principe psychologique qui fait des évidences personnelles la mesure du croyable et de l'incroyable : les « gens frivoles [...] ne croiront pas à une vertu dont ils ne trouvent pas le modèle chez eux » (Lettre 32). Gabrielle, la sœur de Maffio, « un enfant de quinze ans », dégage « une atmosphère enfantine » (I, 1) qui la désigne aux yeux de Lorenzo comme cible du duc Alexandre. Si Cécile Volanges, qui n'a elle aussi que « quinze ans » (Lettre 2), est une proie facile c'est qu'elle est sortie « du couvent, sans expérience et presque sans idées » (Lettre 174), le couvent, ce temple de la crédulité, « ce séjour de ténèbres » (Lettre 161). Elle y a été cloîtrée jusqu'alors, maintenue dans une ignorance complète de la vie mondaine et de ses séductions, en sorte qu'elle entre dans le monde désarmée et vulnérable. Merteuil déplore chez Cécile « une sotte ingénuité » (Lettre 106). Le couvent ou un mari quel qu'il soit, tel est alors le dilemme social de la condition féminine, comme le dit Cécile qui a « peur de rentrer au couvent » et ne voit rien de « pis » (Lettre 39). On se souvient que dès la première lettre, elle est littéralement foudroyée par la vue d'un homme qu'elle prend aveuglément pour le mari qu'on lui assigne : à cette seule vue, elle est « toute effarouchée » et jette « un cri perçant ; tiens... comme ce jour du tonnerre » (Lettre 1). Et tout cet émoi pour découvrir finalement que l'homme en question n'était qu'un « cordonnier » venu pour s'occuper de ses souliers ! C'est la raison toute prosaïque pour laquelle il est à ses « genoux ». Le portrait inaugural de Cécile Volanges que nous livre Choderlos de Laclos est celui d'une jeune femme enfoncée dans une crédulité si énorme qu'elle prête à rire. Si Madame de Tourvel, qui a « vingt-deux ans » (Lettre 5), n'est plus une enfant, elle « a été élevée » (Lettre 147) au couvent, ce qui l'a figée dans un infantilisme mental qui en a fait une femme qui « s'est *encroûtée* » (Lettre 5). Ce roman épistolaire commence comme une farce qui se moque de la crédulité du jeune esprit de Cécile et tourne en ridicule cette femme restée enfant qu'est la présidente de Tourvel dont le visage se couvre facilement d'une « aimable rougeur », symptôme de la « candeur de *l'enfant* » qui ne permet « pas le mensonge » (Lettre 6). Malgré les mises en garde de madame de Volanges, madame de Tourvel ne se fie qu'à ce qu'elle voit et se laisse berner par le jeu de Valmont qui l'a choisie comme proie. Elle juge même risible et exagéré le portrait que celle-là lui a fait du vicomte : « Valmont, qui doit être la terreur de toutes les femmes, paraît avoir déposé ses armes meurtrières » (Lettre 11). Elle lui voit même un air « bon-enfant », le trouve plein de « respect », faisant preuve d'« une honnête sincérité ». Elle s'explique la différence entre le Valmont qu'elle fréquente et l'odieux « libertin » qu'on lui a dépeint par « les époques » : son libertinage appartient au passé, croit-elle. Le roman épistolaire offre ainsi une plongée dans les effets subjectifs des subterfuges de Valmont et de Merteuil. Comme Cécile de son côté ne se maquille pas encore, sa crédulité s'affiche sur son visage, ce qui la désigne comme une proie. Ne voyant pas les femmes plus âgées qu'elles rougir lorsqu'un homme les regarde, elle pense que « c'est le rouge qu'elle mettent, qui empêche de voir celui que l'embarras leur cause » (Lettre 3). Lorenzo, lui, est incapable de rougir car il a perdu tout sens moral avec son innocence : « je ne rougis point ; les masques de plâtre n'ont point de rougeur au service de la honte » (III, 3). À force de jouer avec les sentiments, son masque hypocrite insensible a fini par lui tenir lieu de visage.

Pour abuser de la crédulité de madame de Tourvel, Valmont déguise son désir en amour et feint de valider l'antinomie de l'amitié plurielle et de l'amour exclusif qui est pour cette dernière une évidence qu'elle n'interroge pas : « Qui, moi ! je consentirais à partager avec quelqu'un un sentiment émané de votre âme ! Si jamais je vous le dis, ne me croyez plus. De ce moment je chercherai à vous tromper ; je pourrai vous désirer encore, mais à coup sûr je ne vous aimerai plus [...] Non, Madame, je ne serai point votre ami ; je vous aimerai de l'amour le plus tendre, et même le plus ardent, quoique le plus respectueux » (Lettre 68). Ce qu'il lui cache, c'est le paradoxe, ou pour mieux dire la contradiction d'un « libertin amoureux, si un libertin peut l'être » (Lettre 57). Dans la lettre que Valmont envoie aussitôt après à Merteuil pour lui rendre compte de l'avancement de son projet de conquête de madame de Tourvel, il revendique sans état d'âme de s'occuper à la fois de cette dernière et de Cécile : « je vous promets, [...] de mener à bien l'aventure de votre pupille, et de m'occuper d'elle autant que de ma belle prude » (Lettre 70). Afin de satisfaire son amour libertin, qui est une « vénus vagabonde », selon l'expression du poète latin épicurien

Lucrèce (*De la nature*, IV, 1071), Valmont singe la fidélité de l'amour conjugal.

La facilité ou la difficulté à faire croire quelque chose est ainsi indexée sur la crédulité de la personne qui est l'objet la tromperie. Cécile Volanges fait partie de ces « esprits faibles », comme les appelle Descartes dans le *Discours de la méthode*, qui croient sur-le-champ tout ce qu'on leur dit et ne doutent de rien. Elle forme, avec Danceny, un couple de benêts dont abusent sans peine Merteuil et Valmont. Danceny écrit à ce dernier, qui travaille en secret à sa perte : « je n'ai d'espoir qu'en vous [...] le seul soulagement que j'éprouve dans ma douleur, est de songer qu'il me reste un ami tel que vous » (Lettre 60. Voir aussi Lettre 65). Danceny, tel le corbeau berné par le renard, reprochera trop tard à Valmont de l'« avoir indignement joué [...] J'avoue que mon cœur en a été navré, et que j'ai ressenti quelque honte d'avoir autant aidé moi-même à l'odieux abus que vous avez fait de mon aveugle confiance » (Lettre 162). C'est aussi le cas de la « vieille tante » (Lettre 4) de Valmont qui le prend pour un saint. En vérité, s'il est venu la rejoindre, ce n'est pas pour « jouer au whist » avec elle mais pour tenter de séduire la pieuse présidente de Tourvel qui y séjourne en l'absence de son mari : « elle ne se doute pas de la divinité que j'y adore », écrit Valmont à Merteuil. La présidente de Tourvel elle-même est vue qui « quêtait » (Lettre 5) à l'église « Saint-Roch [...] et rougissant à chaque révérence ». Le personnage dubitatif de Madame de Volanges souligne par opposition la naïveté de madame de Tourvel : « vous voulez donc, madame, que je croie à la vertu de M. de Valmont ? J'avoue que je ne puis m'y résoudre » (Lettre 32). Elle identifie pour sa part ici un « miracle », c'est-à-dire une chose à laquelle il lui est impossible de croire. Jugeant « la méfiance nécessaire », elle voit clair dans le jeu de Valmont qui aveugle madame de Tourvel. Elle se leurre toutefois sur Merteuil qu'elle croit « très estimable ». Ici joue sans doute le préjugé de sexe selon lequel les femmes sont naturellement pures. Or, on se souvient que l'« Avertissement de l'éditeur » a par avance brocardé ce préjugé en déclarant dès les toutes premières lignes « toutes les femmes [sont] si modestes et si réservées », en précisant, ironique, « comme chacun sait ».

La crédulité de Cécile ne tient donc pas à la nature de son esprit ou de son sexe, ni même à son seul jeune âge, mais bien à son éducation qui a été « trop négligée » (Lettre 29) par sa mère. C'est la vie au couvent qui a engendré une telle crédulité. L'attention doit donc ici se déplacer et au lieu de se concentrer sur le sujet qui fait croire, se pencher sur le sujet qui croit. Au XVIIIe siècle, le couvent est dénoncé dans la littérature comme l'éternelle fabrique de cette crédulité dont l'autre nom est le patriarcat, comme on le voit dans *Thérèse philosophe* de Boyer d'Argens et dans *La religieuse* de Diderot, sans oublier *Justine ou les malheurs de la vertu* du marquis de Sade. *Thérèse philosophe* est un roman libertin tiré d'une affaire véridique qui a été jugée au parlement d'Aix-en-Provence en 1730 : un Jésuite avait imposé des relations sexuelles à sa pénitente en lui faisant croire qu'il s'agissait d'exercices spirituels. Boyer d'Argens restitue ainsi l'exploitation de la crédulité : « elle croit tomber dans une extase divine, purement spirituelle, lorsqu'elle jouit des plaisirs de la chair » (*Thérèse philosophe*, Babel, p. 37). C'est tout le propos du drame d'Olympe de Gouges intitulé *Le Couvent, ou les vœux forcés* que de dénoncer l'abêtissement des femmes enfermées au couvent. Thérèse, Suzanne, Justine, la « novice » Julie d'Olympe de Gouges, ou encore Cécile Volanges, la liste est longue des femmes assignées de naissance à la crédulité. Ce qui confirme au passage que l'amour est une guerre, une guerre inégale et unilatérale. Si Valmont parle la main sur le cœur à la présidente de Tourvel, qu'il a désignée comme sa proie, d'« un amour réciproque » (Lettre 52), c'est pour qu'elle y croie, ce qui suppose la nature asymétrique de leur relation. On comprend les raisons qui permettent à Valmont de constater : « que nous sommes heureux que les femmes se défendent si mal ! » (Lettre 4). Il faut ici situer *Les Liaisons dangereuses* dans leur contexte littéraire : Laclos hérite du théâtre de Molière qui offre un spectacle, à bien des égards prérévolutionnaire, en donnant le pouvoir à ces figures de dominés que sont les enfants, les serviteurs et les femmes. En brossant le portrait d'un Orgon crédule jusqu'au risible sous les yeux lucides de Dorine, sa servante, *Le Tartuffe* ridiculise l'inégalité intellectuelle entre les sexes comme les différences sociales entre les classes. De ce point de vue, il y a une filiation littéraire entre le personnage de Dorine et celui Merteuil. On peut ajouter que le personnage de Suzanne qui ouvre les yeux de Figaro dans la pièce de Beaumarchais est contemporain de la Merteuil de Laclos. On saisit du même coup le rôle central du personnage de la marquise de Merteuil, cette femme au moins aussi machiavélique que le vicomte de Valmont, qui interdit de faire de la crédulité des autres femmes un signe d'une crédulité féminine naturelle. Merteuil fait jeu égal avec Valmont, si même elle ne le manipule pas. Il y a entre eux liberté, égalité, insincérité. Elle n'a guère de respect pour la religion comme le souligne une note du rédacteur (Lettre 51, note 1).

C'est ce caractère politique de la crédulité qu'Arendt cible quand elle analyse « un processus de formation de l'opinion » (*VP*, p. 308), capable de corriger la crédulité collective. Si elle dit que « la qualité même d'une opinion, aussi bien que d'un jugement, dépend de son degré d'impartialité » (*VP*, p. 308), c'est que l'opinion n'est pas le pur état naturel de la pensée mais le résultat d'une formation intellectuelle rigide ou mobile, fermée ou ouverte. Elle pointe « l'obstination aveugle » (*VP*, p. 308) qui fait obstacle à cette éducation politique de l'opinion, chacun se faisant croire ce qui l'arrange. La presse indépendante joue ici un rôle crucial pour préserver les démocraties de la démagogie. C'est parce qu'une information impartiale contribue à former le jugement des citoyens et à alimenter leur esprit critique, que les gouvernements cherchent fréquemment à « détruire la « crédibilité » de la presse » (*MP*, p. 31), et, plus radicalement, à « ruiner l'aptitude de l'esprit à juger et à apprendre » (*MP*, p. 59).

C'est pourquoi Arendt souligne l'importance de l'éducation. Dans la conclusion de « Vérité et politique », elle considère qu'il faut que « l'État confie l'éducation de ses futurs citoyens » à une « institution extérieure » (*VP*, p. 332), indépendante, capable de garantir l'émancipation des esprits.

Cependant, l'éducation n'est pas comme telle un antidote à la crédulité et des études supérieures peuvent nourrir un sentiment de supériorité qui a tôt fait de changer l'autorité intellectuelle en aplomb social, et de pervertir l'autorité du savoir en « imperturbable confiance » (*MP*, p. 52) en soi, en « arrogance de l'esprit » (*MP*, p. 57), bref en « confiance totalement irrationnelle ». C'est ainsi que dans le cas des mensonges d'État américains, « les trompeurs ont commencé par s'illusionner eux-mêmes », sans même voir que « leur public refusait de se laisser convaincre » (*MP*, p. 53). C'est parce qu'il est trop sûr de lui que Valmont ne voit pas venir le départ impromptu du château de madame de Tourvel : « dans ma crédule sécurité, je dormais tranquillement ; je dormais et la foudre est tombée sur moi [...] Ce regard si doux, cette voix si tendre ! et cette main serrée ! et pendant ce temps, elle projetait de me fuir ! Ô femmes, femmes ! plaignez-vous donc, si l'on vous trompe ! » (Lettre 100)

Sans crédulité, donc, point de tromperie. À la personne qui veut croire on pourra faire avaler n'importe quoi : Valmont conseille à Danceny de ne pas se mettre trop en peine pour inventer une raison pour cacher à Merteuil qu'il a préféré passer la nuit avec Cécile qu'avec elle : « vous aurez été malade, mort s'il le faut, ou tout autre chose » (Lettre 155).

Si le crédule fait le menteur, la véritable origine de la crédulité ne loge-t-elle pas à l'intérieur de la personne abusée qui se fait croire à elle-même des choses fausses ? Si la pensée est un « un dialogue silencieux poursuivi entre moi et moi-même », comme le dit Arendt en s'inspirant de Platon, ne peut-il pas se faire que ce moi avec lequel je dialogue soit « un menteur » qui me trompe « moi-même » (*VP*, p. 312) ? La présidente de Tourvel laisse deviner une jalousie à l'égard de Valmont qui contredit la belle assurance vertueuse qu'elle affiche ostensiblement dans ses lettres. Alors qu'elle l'a sommé de partir à Paris, elle s'inquiète de ses liaisons : « n'y êtes-vous pas entouré de femmes qui toutes, plus aimables que moi, ont plus de droits à vos hommages ? » (Lettre 50). Suite à l'épisode de l'Opéra où elle surprend Valmont avec sa maîtresse Émilie, elle écrit à madame de Rosemonde : « Valmont... Valmont ne m'aime plus, il ne m'a jamais aimée. L'amour ne s'en va pas ainsi. Il me trompe, il me trahit, il m'outrage [...] Et ne croyez pas que ce soit un simple soupçon : j'étais si loin d'en avoir ! Je n'ai pas le bonheur de pouvoir douter » (Lettre 135). Pourtant, il suffit d'une « grande épître de sentiments » (Lettre 138) de Valmont pour qu'elle déclare, enthousiaste : « tout est oublié, pardonné : disons mieux, tout est réparé [...] Valmont est innocent » (Lettre 139). Elle a beau avoir vu de ses yeux Émilie aux côtés de Valmont, qui n'a cessé de la « regarder, avec des éclats de rire à faire une scène » (Lettre 135), elle ne veut rien savoir, elle ne veut rien croire de ce qu'elle a vu. « Les preuves de l'aveuglement » que Valmont lui avait causé sont retournées d'un instant à l'autre en autant de « raisons qui le justifient » (Lettre 139). Un revirement si abrupt ne peut s'expliquer que par sa volonté de croire. La conscience fourbe peut toujours se faire croire à elle-même qu'elle n'est pas l'auteur mais la victime de sa fourberie, comme le dénonce la fameuse Lettre 141 : « depuis quelque temps je t'ai trompée : mais aussi, ton impitoyable tendresse m'y forçait en quelque sorte ! Ce n'est pas ma faute ». Valmont copie cette lettre que lui rapporte Merteuil et l'envoie telle quelle en guise de rupture à madame de Tourvel, preuve pour le coup qu'il assume sa duplicité.

Quant à Gabrielle, si Lorenzo dit qu'il a « humé » chez elle la « courtisane » en puissance, c'est à cause de son milieu social qui ne lui a « pas permis une éducation solide » (I, 1). Là encore la crédulité n'est pas un état naturel de l'esprit mais un produit socioculturel, pas plus que la supériorité de Lorenzo sur elle et qui lui permet de la flairer comme un prédateur n'est une relation naturelle d'homme à femme. Les « écoliers » (I, 2) eux-mêmes ont de « grands yeux étonnés » devant les nobles, preuve que la crédulité est fonction d'un rapport de domination social plus encore que culturel. Ce que confirme le marchand qui prend les nobles, qui sont ses clients, pour de « braves et loyaux seigneurs » sans soupçonner que le duc n'est qu'un jouisseur préoccupé de son bon plaisir, étant lui-même trop absorbé par la prospérité de son commerce. La crédulité n'est pas non plus une simple question d'âge. Imbu de son propre pouvoir, le duc lui-même ne se méfie pas de Lorenzo : « Renzo, un homme à craindre ! […] il se fourre partout et me dit tout » (I, 4). C'est moins la qualité de la duplicité de Lorenzo que l'aveuglement du duc qui facilite son assassinat. Lorenzo ne fait qu'exploiter l'amour-propre du duc qui le porte naturellement à croire que la tante de Lorenzo a succombé à ses charmes. Sa ruse manipule ici la crédulité du duc : « elle vous adore ; ses yeux ont perdu le repos depuis que l'astre de votre amour s'est levé dans son pauvre cœur » (IV, 1). Musset fait jouer le rôle du renard à Lorenzo : à ces mots, le duc ne se sent pas de joie, et laisse tomber sa méfiance. Croyant aller à un rendez-vous galant « à minuit précis », il a rendez-vous avec la mort. La chambre de Lorenzo qu'il prend pour une alcôve cache en réalité la scène du crime. Le duc félicite Lorenzo d'être un « habile garçon » sans se douter que cette habileté est une promesse de mort. La scène finale de l'acte II est emblématique à cet égard : la disparition de sa « cotte de mailles » n'éveille pas les soupçons du duc qui se contente de croire Lorenzo sur parole quand celui-ci lui dit, contre toute vraisemblance, qu'il est simplement allé « cracher dans un puits pour faire des ronds », alors qu'il y a manifestement jeté la cotte de mailles du duc, le rendant désormais vulnérable « à l'épreuve du stylet », c'est-à-dire au coup d'épée que médite de lui porter Lorenzo. La crédulité ne se dissipera qu'avec le coup d'épée que lui porte Lorenzo : « LORENZO. Dormez-vous, seigneur ? *Il le frappe.* LE DUC. C'est toi, Renzo ? LORENZO. Seigneur, n'en doutez pas » (IV, 11). Le doute n'est plus possible, mais il est trop tard. Le réel vient d'imposer la tyrannie de ce qu'Arendt appelle une « vérité de fait » (*VP*, p. 294), plus intraitable « que la volonté du pire des tyrans » (*VP*, p. 306).

À cet égard, Lorenzo est l'exact envers intellectuel de Gabrielle comme de Cécile Volanges : esprit froid et distant, il fustige la crédulité de Lucrèce, victime de sa naïveté, violée par Tarquin : « Elle s'est laissé prendre toute vive comme une alouette au piège » (II, 4). L'identification par Lorenzo de Lucrèce à « une alouette » fait directement référence au miroir aux alouettes, ce piège de chasse constitué de petits miroirs qui brillent au soleil et attirent les alouettes qui s'y font prendre. Le sens figuré est clair : il y a une fourberie du brillant qui cache une réalité décevante. Victor Hugo reprendra l'image quatre ans plus tard dans sa pièce *Ruy Blas* en parlant de « piège d'alouette ou bien de jeune fille » (I, 2). Lorenzo ne croit plus à rien : « La liberté, la patrie, le bonheur des hommes, tous ces mots » (III, 3)… Face à Philippe qui croit en la bonté de l'humanité, Lorenzo, lui, est revenu de ses « rêves philanthropiques » : « Je me suis réveillé de mes rêves, rien de plus ; je te dis le danger d'en faire. Je connais la vie, et c'est une vilaine cuisine, sois-en persuadé ».

Lorenzo endosse le rôle du personnage qui sait duper les autres sans se laisser duper lui-même, comme il n'hésite pas à le dire au duc en personne : « si vous saviez comme cela est aisé de mentir impudemment au nez d'un butor ! » (II, 4). Or, à ses yeux, le duc est un « butor », une personne stupide qui se laisse aisément abuser. Le cardinal, lui, se méfie de la marquise qui tente d'obtenir de lui des confidences, à laquelle il rétorque : « Me prenez-vous pour un enfant, et croyez-vous qu'il suffise de me frotter les lèvres de miel pour me les desserrer ? » (IV, 4) De même, c'est parce qu'il est lucide et incarne les droits du peuple à l'esprit critique et au libre jugement que le républicain Ruccellaï se scandalise – « nous traite-t-on comme des enfants ? » (V, 1).

Pour toiser le mensonge sous le collimateur du concept, Arendt a dû adopter « une position » qui est « à l'extérieur du domaine politique » (*VP*, p. 331). C'est la posture traditionnelle du philosophe étranger chez lui, réfractaire à tout « engagement », qui le prémunit contre toute « adhésion » aux intérêts du moment. Cette « solitude » (*VP*, p. 331) est aussi celle de Lorenzo, mais encore de Valmont et de Merteuil qui ont en partage un même détachement qui les fait auteurs et spectateurs de la société des trompés.

La crédulité a encore un mode d'existence collectif : un peuple de « badauds » se laisse asservir à un « son de trompe [...] et puis un beau matin ils se réveillent tout endormis des fumées du vin impérial » (I, 5). Arendt salue par contraste la lucidité et le courage des individus « qui n'entendent pas se laisser intimider et qui préfèrent la prison à une réduction de leurs libertés » (*MP*, p. 67).

La crédulité est un effet de l'ignorance, la croyance plongeant ses racines dans les failles du savoir. C'est parce qu'elle ne sait pas ce qu'est l'ordre de Malte que Cécile Volanges croit que le chevalier Danceny est moine (Lettre 51). La superstition que suscite un phénomène naturel comme une éclipse n'existe qu'aussi longtemps que ses causes ne sont pas connues. À partir du moment où sa durée de révolution a été connue (76 ans) et son retour prédit par Halley, la comète qui porte son nom a cessé d'être un objet de **croyance** pour devenir un objet de **science**. Aussi l'ignorance est-elle le terreau de la crédulité. La croyance relève en ce sens de la magie. Qu'est-ce que la magie, sinon l'illusion de causes sans effets (une épée qui transperce le corps d'une femme sans la blesser) ou d'effets sans causes (un lapin qui surgit d'un chapeau) ? Le complotisme consiste à imaginer des intentions là où il y a des causes. C'est une espèce de superstition qui croit que le futur explique le présent parce qu'elle ignore les causes antérieures qui ont produit le présent et déterminent l'avenir. Arendt épingle « l'ignorance pure et simple » (*MP*, p. 58) des administrations américaines dans les années 1960, ignorant tout de « la culture très ancienne et très évoluée » (*MP*, p. 48) du Vietnam et imaginant celui-ci comme « une petite nation arriérée », selon l'expression de Robert S. McNamara, secrétaire américain à la défense pendant la guerre du Vietnam, expression révélée dans les documents du Pentagone et citée en exergue de « Du mensonge en politique » (*MP*, p. 11). Il fallait qu'elles ignorent également tout du « différend vieux de dix ans, entre Moscou et Pékin », de « l'hostilité résolue de Staline » (*MP*, p. 42) envers la Chine, pour croire à l'existence d'un « bloc sino-soviétique ». Les documents du Pentagone révèlent une sorte d'ignorance systématique, en dépit des rapports secrets, « de toutes les réalités historiques, politiques et géographiques » (*MP*, p. 49). Ces réalités ont même été « délibérément ignorées » (*MP*, p. 58). Arendt pointe notamment le « refus d'envisager les conséquences réelles » (*MP*, p. 63) de la décision américaine de bombarder le Vietnam. On peut parler d'ignorance volontaire, de volonté de ne pas savoir, et donc de crédulité active. Ces documents retracent en somme l'histoire d'une auto-intoxication. Le « titre officiel » du rapport est en effet « Historique de la façon dont ont été prises les décisions des États-Unis concernant la politique au Vietnam » (*MP*, p. 65). Il établit qu'alors que les services de renseignement dirigés par Robert McNamara avaient informé les autorités américaines que les États-Unis ne pouvaient pas gagner la guerre, celles-ci ont continué de croire à leur toute-puissance. Chose édifiante, l'explication que madame de Tourvel donne de la prétendue métamorphose du libertin Valmont en homme irréprochable n'en est pas une mais relève de la superstition : « c'est apparemment l'air de la campagne qui a produit ce miracle » (Lettre 11). Si Pierre Strozzi, lui, ne croit pas que la mort de Louise soit naturelle et comprend qu'il s'agit d'un empoisonnement, c'est justement parce qu'il connaît les causes naturelles de la mort : « Qui a tué ma sœur ? car on ne meurt pas à son âge dans l'espace d'une nuit, sans une cause extraordinaire » (IV, 2). Rien ne lui fera croire que cette mort a une cause puisqu'il sait qu'elle a un auteur.

Laclos exploite le principe selon lequel la connaissance des causes triomphe de l'emprise de la passion : « un sage a dit que pour dissiper ses craintes il suffisait presque toujours d'en approfondir la cause. C'est surtout en amour que cette vérité trouve son application » (Lettre 58). Valmont en pervertit l'usage en s'en servant, non pour remplacer la croyance par la connaissance mais au contraire pour la renforcer : « aimez, et vos craintes s'évanouiront », ordonne-t-il à madame de Tourvel. Une note du « rédacteur » indique que « la citation n'est pas exacte et l'application qu'en fait Valmont est bien fausse ». Elle ne vient pas en effet de *L'Émile* de Rousseau comme « on croit », mais de *L'Éthique* de Spinoza qui dit : « tout sentiment qui est une passion cesse d'être une passion sitôt que nous en formons une idée claire et distincte » (5e partie, proposition 3). Le personnage du « rédacteur » assume ici et confirme son rôle d'agent de vérification et de certification qui sert à accréditer tout le reste de cette correspondance.

L'expert en ruse est naturellement le plus méfiant, souvent jusqu'au délire. D'où la croyance systématique de l'administration américaine à des « conspirations imaginaires » (*MP*, p. 44), en l'occurrence « une conspiration communiste monolithique mondiale » (*MP*, p. 41). D'où également la suspicion systématique du cardinal Cibo qui ne se fie à personne parce qu'il s'attend à retrouver chez les autres la duplicité qui est la sienne. Il ne croit que ce qu'il voit et veut vérifier ainsi que le déguisement du duc au bal était bien celui d'une religieuse : « on m'avait dit qu'il avait pris ce costume ; il se peut qu'on m'ait trompé » (I, 3). Le cardinal se fait croire à lui-même qu'on cherche à lui faire croire des choses. Si bien que s'il n'est la dupe de personne, ne l'est-il pas en fin de compte de lui-même ? Merteuil ne croit que ce qu'elle voit et exige de Valmont « une preuve », « par écrit » de surcroît, de la main même de sa victime, qu'il aura effectivement possédé sa « belle dévote », la présidente de Tourvel (Lettre 20). Elle voit des faits truqués partout et en vient par exemple à douter, à propos d'un envoi de lettres de Valmont, « si la date en est exacte » (Lettre 38). Manipulatrice chronique, Merteuil baigne en pleine suspicion.

À l'inverse, c'est grâce à son cœur vierge de tromperie que la marquise Cibo ne se laisse pas prendre aux mensonges du cardinal qui, lui, doute de la sincérité de sa confession : « Mon beau-frère, il me semble que je n'ai pas l'habitude de mentir devant Dieu » (II, 3). Tel est le paradoxe de la crédulité, de pouvoir s'identifier à la lucidité, non par excès mais par défaut d'esprit critique, cependant que le doute érigé en système vire au soupçon et bientôt en délire paranoïaque. Si l'on peut tout faire croire aux « esprits faibles », on ne peut rien faire croire aux « esprits forts », pas même à la vérité, pour reprendre la distinction déjà citée de Descartes tirée du *Discours de la méthode*.

Fiche 6

Les sortilèges du vraisemblable

Un mensonge grossier est aussitôt démasqué et échoue par conséquent à faire qu'on y croie. Il manque de crédit. À la scène 3 de l'acte III, Lorenzo boit du « chocolat » alors que le cacao n'a été introduit en Europe qu'à la fin du XVIe siècle et que l'histoire se situe dans la première moitié de ce même siècle. Pour être cru, il faut rendre le faux semblable au vrai. Cette règle du vraisemblable, énoncée par Aristote dans sa *Poétique*, et reprise au XVIIe siècle par Boileau au chant III de son *Art poétique*, fait de tout bon menteur un bon auteur :

> « Jamais au spectateur n'offrez rien d'incroyable :
> Le vrai peut quelquefois n'être pas vraisemblable.
> Une merveille absurde est pour moi sans appas :
> L'esprit n'est point ému de ce qu'il ne croit pas ».

Danceny, lui, ne sait pas mentir car Merteuil ne lui a pas appris « à ne pas nier si vivement [ni à] déguiser ce regard de possession si facile à reconnaître » (Lettre 151). Valmont s'engage à « publier les programmes de ce nouveau collège » de la séduction. Le fourbe qui est perçu comme tel ne peut tout au plus qu'amuser les « badauds » mais non pas les tromper, comme le montre « ce hâbleur de Cellini » (I, 5), figure publique de l'artiste qui se laisse identifier comme tel par sa fonction sociale. Le trompeur démasqué ne trompe plus personne, tout comme le menteur invétéré amuse tout le monde sans abuser personne. *Le Menteur* de Corneille n'est pas une tragédie mais une comédie. Madame de Tourvel échoue à faire croire à Valmont qu'il ne doit pas aller à la chasse, où elle le fait surveiller, à cause d'« une chaleur excessive » (Lettre 21). Son regard sincère trahit ses paroles mensongères : « pendant ce dialogue, ses yeux, qui parlaient peut-être mieux qu'elle ne voulait, me faisaient assez connaître qu'elle désirait que je prisse pour bonnes ses mauvaises raisons ». Elle n'arrive pas davantage à tromper Merteuil qui considère que « la longueur de sa lettre » (Lettre 33) à Valmont l'a « trahie » : si elle voulait vraiment l'éconduire, deux mots suffisaient. Si Arendt s'intéresse à la publication des *Pentagon papers* dans le *New York Times* en 1971, c'est parce que celle-ci mit en échec la tentative du gouvernement et de l'armée américains de « dissimuler leur rôle derrière l'écran protecteur du secret » (*MP*, p. 21). Une partie du public américain identifia avant cette publication la tromperie, à la disproportion entre « les moyens excessifs » et « l'intérêt marginal » poursuivi (*MP*, p. 43), à commencer par les centaines de milliers de soldats « déserteurs » ou « objecteurs de conscience » (*MP*, p. 66), lesquels ne croyaient pas aux raisons officielles données à la légitimité de la guerre du Vietnam ou à la thèse officielle de la possibilité d'une victoire.

Merteuil signale à Valmont que la fausseté des sentiments qu'il exprime dans sa lettre à madame de Tourvel (Lettre 24) se remarque à cela qu'elle est trop cohérente, trop construite pour faire croire au torrent impétueux de la passion : « relisez votre lettre : il y règne un ordre qui vous décèle à chaque phrase » (Lettre 33). Il est vrai « qu'il n'y a rien de si difficile en amour, que d'écrire ce qu'on ne sent pas. Je dis encore d'une façon vraisemblable ». Il se corrige en introduisant artificieusement dans une lettre ultérieure des interruptions censément dues à « la puissance irrésistible de l'amour » (Lettre 48) qui l'empêche de « mettre quelque ordre dans [ses] idées » :

> « Il faut vous quitter un moment pour dissiper une ivresse qui s'augmente à chaque instant, et qui devient plus forte que moi.
>
> Je reviens à vous, Madame, et sans doute j'y reviens toujours avec le même empressement ».

Pour parvenir à faire croire à quelqu'un que quelque chose de faux est vrai, ou le contraire, il faut donc rendre incertaine la limite entre le vrai et le faux, « effacer la ligne de démarcation » (*VP*, 302) entre le fait et l'opinion. Par exemple en revendiquant le droit d'exprimer « son « opinion » », un individu fera valoir l'égalité des opinions et participera à « l'estompement » (*VP*, 318) de la frontière entre vérité et opinion. Au moment où le duc tend une épée à Lorenzo pour qu'il se batte avec Sire Maurice, Musset indique « Lorenzo chancelle ; il s'appuie sur la balustrade et glisse à terre tout d'un coup » (I, 4, didascalie). Or, chose intéressante, Georges Sand, dans *Une conspiration en 1537*, qui est sa propre version de l'histoire de l'assassinat du duc Alexandre qu'elle a offerte à Musset et dont il s'est inspiré, une didascalie disait que cet évanouissement était feint. Musset, lui, laisse le spectateur dans l'incertitude : Lorenzo est-il sincère ou est-il fourbe ? Cela contribue à redoubler la dissimulation par l'incertitude : une ruse qui se voit trompe moins qu'une feinte qui se dissimule au point de faire douter d'elle. Ainsi Danceny considère-t-il qu'une « lettre est un portrait de l'âme » (Lettre 150), oubliant que le portrait appartient à l'art de la peinture et qu'à ce titre il ne restitue pas le naturel mais sa contrefaçon.

L'efficacité d'une tromperie dépend, non de sa conformité à la vérité mais de sa ressemblance au vrai. Ainsi Valmont donne-t-il ce conseil à Cécile pour faire croire que « la serrure et les gonds » (Lettre 84) de la porte de sa chambre ont été huilés par « le frotteur du château » alors que c'est elle qui doit le faire pour éviter tout grincement : « ce sont ces petits détails qui donnent la vraisemblance, et la vraisemblance rend les mensonges sans conséquence, en ôtant le désir de les vérifier ». À l'inverse, Valmont prévient Danceny : « si vous risquez de donner une raison, on sera peut-être tenté de la vérifier » (Lettre 155). Quand sa mère lui demande la clé du secrétaire où elle a caché les lettres de Danceny, Cécile raconte à son amie Sophie : « je faisais semblant de ne la pas trouver » (Lettre 61). Faire semblant c'est effectivement donner au faux l'apparence du vrai ou au vrai l'apparence du faux, en effaçant la différence entre eux. Merteuil s'adresse à madame de Volanges en parlant « presque aussi bien qu'aurait pu faire une dévote » (Lettre 63). Si l'illusion règne au fond de la caverne de Platon, c'est parce que « la vérité elle-même prend le visage du *dokei moi* (« il me semble ») » (*VP*, p. 302). Le vrai dès lors n'est pas ce qui est vrai mais ce qui semble tel. C'est ce que remarque Arendt quand elle souligne « nous tenons » dans cette phase de Jefferson qu'elle cite : « *Nous tenons* ces vérités pour évidentes » (*VP*, p. 314). Cela retire la vérité du terrain de l'objectivité pour l'inscrire sous la dépendance de la subjectivité.

Or, le paradoxe qu'il faut ici bien mesurer est celui que signale Boileau : le réel n'a aucune raison d'être, de lui-même, conforme à nos attentes. Il se présente bien souvent sous des traits si déroutants qu'il est difficile à croire. Loin de se plier aux normes de la « crédibilité », « la réalité a cette habitude déconcertante de nous mettre en présence de l'inattendu » (*MP*, p. 16). Devant un événement complètement inattendu ne dit-on pas que l'on n'arrive pas à y croire ? Cette identité du réel et de l'**incroyable** a pour pendant celle du croyable et de l'irréel. Le sortilège du vraisemblable est de rendre l'irréel semblable au vrai, et de poser ainsi l'équation illusoire de l'**imaginable** et du réel. Si Cécile ne se méfie pas de Merteuil c'est qu'elle identifie à tort l'**invraisemblable** à l'irréel : « vous m'assurez que Danceny m'en aimera davantage : mais en êtes-vous bien sûre ?... Oh ! oui, vous ne voudriez pas me tromper » (Lettre 109). Le parti pris du vraisemblable vise à « protéger des réalités » (*MP*, p. 59). Tel est le domaine sinon infini en tous cas indéfini du « plausible » (*MP*, p. 16 et p. 61) que la tromperie exploite à l'envi. « L'art de mentir » (*MP*, p. 17) consiste à métamorphoser par magie un besoin subjectif de l'esprit en propriété objective du réel. Il suppose donc de « savoir d'avance ce que le public souhaite entendre ou s'attend à entendre ». D'où la connaissance que le personnel de l'administration américaine a de « la théorie des jeux » (*MP*, p. 20) qui formalise mathématiquement les conduites prévisibles des agents économiques. Merteuil, avant d'avoir une relation avec Valmont, a pris la précaution de faire qu'il ne puisse pas la déshonorer en affichant publiquement cette liaison. La mauvaise réputation de celui-ci a d'abord « aidé à rendre suspects » (Lettre 81) ses propos. De ce fait, les exploits dont il aurait à se vanter n'auraient jamais donné qu'« une suite de faits sans vraisemblance, dont le récit sincère aurait l'air d'un roman mal tissu »[1].

Cette mathématisation du probable peut être vue comme une rationalisation de l'espace littéraire, qui n'est pas cantonné au vrai mais soumis au vraisemblable. Le principe fondateur de la fiction romanesque ou théâtrale est en effet, non de **rapporter** la vérité des faits, mais de faire croire à la vérité de ce qui est **raconté**. Cette inscription de la littérature dans le domaine du vraisemblable autorise tous les subterfuges pour faire passer pour vrai ce qui ne l'est pas. En 1799, Sade, qui est le contemporain de Laclos, donnera cette recommandation à un romancier dans

1. Tissu : participe passé du verbe « tistre » qui signifie tisser ; mal lié, décousu.

son *Idée sur les romans* : « on ne te demande point d'être vrai, mais seulement d'être vraisemblable [...] ne remplace point cependant le vrai par l'impossible [...] on ne te pardonne de mettre ton imagination à la place de la vérité, que sous la clause expresse d'orner et d'éblouir ». La règle du vraisemblable installe la littérature sur le terrain équivoque de la fiction qui ne se donne pas comme telle. Si le vraisemblable n'est pas le vrai, il n'est pas pour autant l'irréel. C'est ce qui a l'air vrai, sans qu'on se demande s'il l'est réellement ou pas.

Le respect de la vraisemblance est la raison, ou pour mieux dire le prétexte qu'allègue le « rédacteur » des *Liaisons dangereuses* pour justifier les nombreuses « fautes » qu'on trouve dans les lettres : « il serait autant contre la vraisemblance que contre la vérité, que de huit à dix personnes qui ont concouru à cette correspondance, toutes eussent écrit avec une égale pureté » (Préface du rédacteur). Par exemple, Cécile, qui n'a que quinze ans et sort tout juste du couvent, emploie dans ses lettres à son amie Sophie des tournures parlées qui trahissent son âge et que l'on ne trouverait dans les lettres de sa mère, madame de Volanges : « mon cœur me bat que ça ne se conçoit pas » (Lettre 18). Tant la syntaxe (« mon cœur me bat *que* ça ») que le lexique (« ça » : voir aussi Lettre 109) sont une ruse d'écriture de Laclos, dissimulée sous le masque du « rédacteur », pour faire accroire à l'authenticité des lettres et à l'existence de leurs différents auteurs. Le style de Cécile se reconnaît à son incorrection : « ça aurait l'air [...] ça pourrait » (Lettre 29), « ne parlons pas de ça » (Lettre 30), « c'est comme ça » (Lettre 55), « ça vous est bien égal » (Lettre 94), « il y a déjà tout plein de moments » (Lettre 109), « pour quand ». Du reste la tournure familière « que ça » ne se retrouve que sous la plume de Cécile (Lettres 16, 27, 29, 30, 82, 97) dont on « a trop négligé » (Lettre 29) l'éducation, et chez Azolan, le domestique de Valmont, qui lui écrit : « il n'avait pas d'ordre de ça de vous » (Lettre 107). Cécile emploie des tournures incorrectes comme : « nous aurions eu bien aisé » (Lettre 88).

Valmont pousse la ruse jusqu'à singer les maladresses de langage de Cécile dans la lettre signée par elle mais rédigée sous sa dictée (Lettre 156). Cette lettre remplie d'expressions incorrectes caractéristiques du mauvais style de Cécile – « pour ça » ; « et ça » ; « comme ça » –, choses absentes des lettres de Valmont, « c'est bien moi qui l'ai dictée » (Lettre 158), avoue-t-il à Merteuil. Notons qu'il y a ici une ruse dans la ruse de la part de Laclos, et même une ruse élevée à la puissance 3 : Laclos feint qu'un « rédacteur » constate les fautes que le personnage de Valmont imite.

Cette règle de la vraisemblance, qui veut que tout fait, pour être reconnu comme réel, doive préalablement avoir été rendu **croyable**, apparente les fictions politiques à la littérature. La crédibilité du mensonge en politique est indexée sur sa « vraisemblance » (*VP*, p. 320) qui suppose de répondre « au bénéfice et au plaisir » du public, et qui exige d'éradiquer « l'élément de surprise – l'un des traits les plus frappants de tous les événements ». Une fois passé à l'alambic du vraisemblable, le réel ne surgit plus, il se déroule paisiblement. La vérité semble alors exilée du domaine politique au profit de l'empire du vraisemblable dans lequel « les faits et les opinions, bien que l'on doive les distinguer, ne s'opposent pas » (*VP*, p. 303).

Le comble de la tromperie est de tabler sur la croyance en la différence entre le vrai et le vraisemblable. Dès lors, plus le mensonge est gros plus il est cru au motif que ce serait trop étrange pour ne pas être vrai. La ruse consiste cette fois à parier sur la nature fictive du vraisemblable pour faire croire à la vérité de l'invraisemblable qui est faux. Cécile attend confirmation de Merteuil pour croire aux propos invraisemblables de Valmont : « il m'a raconté de drôles de choses, et que je n'aurais jamais crues ; particulièrement sur maman. Vous me feriez bien plaisir de me mander[1] si tout ça est vrai » (Lettre 109). Cet échange dans *Lorenzaccio* entre le cardinal, qui est suspicieux, et le duc, qui ne l'est pas, confirme l'efficacité du procédé qui consiste à jouer la carte de la croyance en la réalité de l'invraisemblable. Pour le duc, que son propre neveu Lorenzo veuille le tuer, c'est trop invraisemblable pour être vrai, pour le cardinal, c'est cette invraisemblance même qui plaide pour la vérité, aussi ne peut-il pas croire que Lorenzo soit peureux au point de trembler à la vue d'une arme :

> « LE CARDINAL, *resté seul avec le duc.* Vous croyez à cela, monseigneur ?
>
> LE DUC. Je voudrais bien savoir comment je n'y croirais pas.
>
> LE CARDINAL. Hum ! C'est bien fort.
>
> LE DUC. C'est justement pour cela que j'y crois. Vous figurez-vous qu'un Médicis se déshonore publiquement, par partie de plaisirs ? D'ailleurs ce n'est pas la première fois que cela lui arrive ; jamais il n'a pu voir une épée.
>
> LE CARDINAL. C'est bien fort, c'est bien fort ! » (I, 4)

On retrouve la même logique de l'invraisemblable quand Lorenzo se vante devant le duc du « crédit » (II, 4) qu'il a sur lui, et obtient la charge d'« ambassadeur » pour son oncle et le « brevet » de fournisseur de la cour pour le marchand Venturi. Ces derniers sont estomaqués de l'audace de Lorenzo qui n'hésite pas à risquer de perdre son ascendant sur le duc en en jouant ostensiblement à son insu. Alors qu'ils étaient en train de comploter contre le duc, Lorenzo le manipule au point de le contraindre à accorder ce qu'il demande pour eux, « si vous aimez ceux qui vous aiment » (II, 4). Valmont mise sur l'énormité du mensonge

1. Mander : faire savoir par lettre ou par message.

qu'il fait à madame de Tourvel pour le lui faire avaler : alors qu'elle l'a surpris avec une maîtresse à l'Opéra, il a le toupet de lui soutenir l'insoutenable en lui certifiant : « les apparences vous ont déçue[1] [...] Vous l'avez cru cependant ! » (Lettre 137) En soulignant que ce qu'il raconte paraît incroyable, Valmont espère en faire un critère de vérité : « qui le croirait ? ».

Mieux encore, il est une façon risquée mais efficace d'empêcher quelqu'un que l'on veut tromper de croire à la vérité, c'est de la lui dire en comptant sur le fait qu'elle lui paraîtra justement inimaginable. En déclarant sans ambages au duc son soutien aux insurgés, Lorenzo mise sur le fait qu'il ne pourra pas y croire : mon projet, lui dit-il, est d'aller dîner chez Philippe Strozzi « lui renouveler l'assurance de ma cordiale amitié » (II, 4). C'est tout bonnement l'aveu de sa participation au complot contre lui que Lorenzo fait ici au duc. De même, Lorenzo prévient le duc qu'il est « fâcheux » (IV, 1) pour lui de ne plus être protégé par sa cotte de mailles : Lorenzo est l'auteur de la disparition de cette dernière qui n'a en réalité rien de mystérieux puisqu'elle fait partie du meurtre prémédité du duc qu'il dissimule d'autant mieux qu'il en parle ouvertement avec sa victime.

Mais le comble du piège du vraisemblable est atteint lorsque Lorenzo dit au duc : « si vous saviez comme cela est aisé de mentir impudemment au nez d'un butor » (II, 4). Non seulement il avoue, que lui, ment et sait mentir, mais en le disant au duc comme une confidence, il lui fait croire qu'il peut être assuré de sa sincérité puisqu'il lui avoue mentir aux autres. Comment pourrait-il se vanter devant le duc d'être maître dans l'art de tromper, s'il voulait mentir au même duc ? Cela semble impensable que le duc soit ce « butor » dont Lorenzo se flatte de savoir se jouer. C'est pourtant bel et bien le cas, aussi invraisemblable que cela lui semble.

1. Décevoir : tromper, abuser.

Valmont maîtrise à la perfection l'équivoque du doute, qui dérobe les faits à l'analyse critique et peut ainsi se jouer de la vérité en la plongeant dans l'obscurité de l'indécidable. Rien ne le montre mieux que la dernière lettre qu'il adresse à madame de Tourvel par l'entremise de madame de Volanges qui laisse cette dernière perplexe : « que direz-vous de ce désespoir de M. de Valmont ? D'abord faut-il y croire, ou veut-il seulement tromper tout le monde, et jusqu'à la fin ? » (Lettre 154) Cette ultime lettre la laisse même dans un tel doute que Laclos l'a finalement supprimée, en la remplaçant par une note du « rédacteur » qui explique que « c'est parce qu'on n'a rien trouvé dans la suite de cette correspondance qui pût résoudre ce doute qu'on a pris le parti de supprimer la lettre de M. de Valmont ». Chose littéralement confondante, ici l'auteur et le personnage du « rédacteur » ne font plus qu'un puisque Laclos a effectivement supprimé la lettre en question des *Liaisons dangereuses*. Que disait Laclos dans cette lettre supprimée que contient le manuscrit original conservé à la Bibliothèque nationale de France mais qui n'a pas été publiée jusqu'à l'édition de 1903 du Mercure de France ? Valmont assurait à madame de Tourvel qu'il était comme elle dans « le désespoir [qui] saisit les moyens et ne les calculs pas ». Il prétendait mettre son cœur à nu et faire amende honorable – « je ne prétends dissimuler mes fautes, ni les excuser » – pour mieux la désarmer et la pousser encore une fois à céder et à accepter de le laisser la « guérir » (on trouve cette lettre publiée dans l'édition d'Ad. Van Bever, chez Crès et Cie, Paris, 1926, tome II, p. 271). Madame de Volanges, qui elle a lu cette lettre supprimée, se demande « si pour cette fois il est sincère » (Lettre 154). Le germe du douteux suffit à faire vaciller la vérité de la vérité.

Quoi de plus incertain qu'un fait ? Aucun fait ne se livre de lui-même dans on ne sait quelle vérité nue. Arendt commence par faire écho à l'idée que tout fait historique est doublement élaboré : d'une part parce qu'il suppose « un choix » parmi un

« chaos de purs événements », et d'autre part parce que les faits retenus demandent en outre à être « arrangés en une histoire » (*VP*, p. 303). Le problème est que ce qu'on appelle un fait est toujours une construction, le résultat d'une élaboration culturelle, sociale, religieuse. Les faits scientifiques eux-mêmes ne sont pas directement prélevés à même le Réel mais restent des produits de la science, pétris de théorie et moulés par les instruments d'observation qu'elle utilise. Kant a établi que l'objectivité des faits n'est pas la réalité en soi mais une construction, certes universelle, mais subjective. Observer un fait n'est pas l'enregistrer mais le fabriquer. Comme l'explique Bachelard dans *La formation de l'esprit scientifique*, « la science *réalise* ses objets, sans jamais les trouver tout faits » (chapitre 3, § III). On le comprend, les faits sont faits. Si le fait scientifique porte la marque du sujet pour lequel et par lequel un objet est un objet, cette subjectivité se retrouve *a fortiori* dans les faits humains tant privés que politiques. Au dernier Acte de *Lorenzaccio*, le marchand de soie déclare que « le feu duc Alexandre a été tué l'an 1536, qui est bien l'année où nous sommes. Suivez-moi toujours. Il a donc été tué l'an 1536, voilà qui est fait » (V, 5). Seulement loin de se contenter de constater un fait, il l'interprète comme le signe « des combinaisons surnaturelles » qui relèvent de la croyance. Le marchand fait remarquer à l'orfèvre incrédule que le duc « avait six blessures, à six heures de la nuit, le 6 du mois, à l'âge de vingt-six ans, l'an 1536. Maintenant, un seul mot : il avait régné six ans ». Et le marchand de conclure : « Il en résulte que six Six ont concouru à la mort d'Alexandre. Chut ! » Le fait et son interprétation ici se confondent. Le « chut ! » fait basculer le fait de la mort du duc dans le domaine secret de la croyance. Or le domaine du surnaturel n'offre pas de prise à la réfutation : on y croit, ou pas, mais on n'en discute pas. Le sortilège du possible est que son spectre s'étend du probable à l'invraisemblable sans qu'il y ait de limite claire entre eux. La croyance s'ébat dans cette faille qui fait qu'une chose semble possible tant qu'il n'a pas été démontré qu'elle était impossible. Valmont pour sa part déniche le mensonge auquel Merteuil veut lui faire croire et dissipe l'équivoque du possible fort du savoir de l'indubitable : « ne croyez pas que je sois retenu par le moindre doute, par la plus légère incertitude ; je sais tout » (Lettre 151). En revanche, il a suffi de « répandre des doutes » (Lettre 168) pour que M. de Prévan, victime d'un complot de Merteuil, passe un mois en prison, et que l'on vérifie « combien les méchancetés, même les moins vraisemblables prennent aisément consistance ».

Comme elle l'explique, c'est pour rétablir la vérité des « faits » (*VP*, p. 289, note) qu'elle avait rapportés en 1963 dans *Eichmann à Jérusalem* qu'Arendt écrit en 1968 « Vérité et politique ». Car « la polémique » qu'elle évoque a en effet sérieusement contesté les « faits » qu'elle avait rapportés et elle cherche à se justifier sur un plan plus général. En 1968, Jacob Robinson publie *La tragédie juive (Le récit de Hannah Arendt et la réalité des faits)* pour rétablir la vérité des faits contre « le récit » d'Arendt. Dès 1963, le livre documenté de Léon Poliakov (dont on a vu le rôle dans la sauvegarde des archives du crime nazi contre l'humanité) intitulé *Le procès de Jérusalem* donnait une tout autre idée d'Eichmann, autrement informée, que celle que s'en fait Arendt. Depuis, les objections étayées contre la représentation qu'Arendt donne d'Eichmann se sont multipliées : ne s'est-il vraiment « jamais rendu compte de ce qu'il faisait » (*Eichmann à Jérusalem*, Gallimard, Quarto, 2002, p. 1295) comme elle l'écrivait, était-il le bureaucrate qu'elle décrit, ou avait-il agi en conscience, adhérant activement à l'idéologie nazie mais jouant ce personnage de simple exécutant pour échapper à la condamnation à mort ? Eichmann a-t-il réussi à faire croire à Arendt ce que d'autres n'ont jamais pu ni voulu croire ? La question ne peut pas ne pas être posée. Car le portrait d'Eichmann par Arendt coïncide avec la stratégie de l'avocat de celui-ci pour le dédouaner, et ce faisant l'accrédite. Dans son livre, Poliakov résume ainsi « la principale ligne de défense » de l'avocat d'Eichmann : « Eichmann n'aurait été qu'un petit fonctionnaire qui exécutait les ordres donnés, et sa responsabilité serait, pour le moins, très atténuée de ce fait [...] La tactique adoptée par l'accusé et son avocat fut de plaider que [...] sans les ordres et les lois publiées à l'époque, selon eux, il n'aurait rien pu entreprendre, son rang n'ayant pas dépassé celui d'un exécutant ». Poliakov démasque le vrai Eichmann sous les personnages qu'il joue à la barre, lequel « Eichmann n° 1 » déclarait à l'officier nazi néerlandais Willem Sassen, comme le rapporte Poliakov en 1963, « n'avoir qu'un seul regret : « n'avoir pas été plus dur » ». Les enregistrements des déclarations accablantes d'Eichmann réalisés par Sassen ont été rendus publics en 2022 dans le film documentaire de Yariv Mozer *The Devil's Confession : The Lost Eichmann Tapes* (*La confession du diable : les enregistrements perdus d'Eichmann*). On l'entend dire sans la moindre hésitation ni ambiguïté : « Si nous avions tué 10,3 millions de Juifs, je pourrais dire avec satisfaction « Bien, nous avons détruit un ennemi. » Alors nous aurions accompli notre mission ». Sous la prétendue docilité d'un fonctionnaire ordinaire, on trouve un authentique activiste de la solution finale. Précisons que bizarrement ni dans « Vérité et politique », ni dans « Du mensonge en politique » Arendt ne parle de la shoah ou d'Eichmann. Dans le premier texte elle traite des mensonges des régimes totalitaires de Staline et d'Hitler qu'elle aborde comme un seul et même problème, et dans le second elle se concentre en particulier sur les mensonges américains à propos de la guerre du Vietnam.

L'objet général de « Vérité et politique » est de fonder la différence de nature entre la vérité et le vraisemblable. Pour cela, Arendt conteste que les faits soient des constructions frappées par nature, sinon de subjectivité du moins de relativité, et irrémédiablement « vulnérables » (*VP*, p. 294) à la falsification.

Son geste théorique consiste à se désolidariser de « l'époque moderne, qui croit que la vérité n'est ni donnée ni révélée à l'esprit humain mais produite par lui » (*VP*, p. 293-294). Que la vérité des faits ne s'impose pas comme une loi d'airain est pour elle une croyance. On peut penser qu'elle vise notamment Nietzsche qui dit, dans *Vérité et mensonge au sens extra-moral*, que « les vérités sont des illusions dont on a oublié qu'elles le sont » (Babel, p. 16). Elle cherche donc à rapatrier les faits dans le domaine d'une vérité dont l'objectivité est « inattaquable », comme le fait que le 9 août 1914 ce n'est pas la Belgique qui « a envahi l'Allemagne » (*VP*, p. 304) mais bien le contraire. Arendt conteste en effet « l'impossibilité de constater des faits sans les interpréter » (*VP*, p. 303). Elle dénonce la conception relativiste du fait comme tributaire d'une interprétation, qui sert « de justification à l'effacement des lignes de démarcation entre le fait, l'opinion et l'interprétation » (*VP*, p. 304). Là encore, on reconnaît « le nouvel infini » de Nietzsche qu'il développe dans le § 374 du *Gai savoir* où il dissout le culte d'une Vérité en soi, dans la subjectivité de « notre humaine, trop humaine interprétation ». Mais c'est à Kant que l'on doit le deuil du rêve d'un savoir absolu. C'est lui l'auteur de cette révolution philosophique qui débusque la limite du pour-nous sous la prétendue chose en soi. Entre Kant et Nietzsche, Hegel tente de réconcilier le pour-nous et l'en-soi. Arendt tente à sa façon de réhabiliter quelque chose comme une objectivité sans sujet.

La victoire totale du faux sur le vrai se réalise lorsque, à force de mensonges répétés, les mentalités se réveillent, non pour rétablir la vérité mais pour la disqualifier *a priori*. Ce « cynisme », qui s'abrite dans un refus aveugle et sectaire de toute vérité par peur d'être à nouveau trompé, est le « résultat à long terme le plus sûr du lavage de cerveau » (*VP*, p. 327). Les mensonges ne sont certes plus « acceptés comme vérité », mais la vérité n'est pas tant « diffamée comme mensonge » (*VP*, p. 327) que tout bonnement invalidée. Le soupçon attaque directement « la catégorie de la vérité relativement à la fausseté », et c'est alors le sens du vrai lui-même qui « se trouve détruit » (*VP*, p. 328). La face cachée de la généralisation actuelle des « fake news » est une réaction de rejet en bloc et systématique de toute vérité. L'apparente lucidité d'un esprit proférant « on nous ment », héberge en profondeur un aveuglement dogmatique qui n'est pas conscient de détruire la vérité au nom de la vérité. Arendt conclut son essai « Vérité et politique » en ajoutant que la « persuasion » peut « détruire » mais non pas « remplacer » la vérité (*VP*, 330).

Fiche 7

Stratégies, ruses et stratagèmes

Dans le mémoire dans lequel il critique les « imprudences » (*Lettre à Messieurs de l'Académie française sur l'éloge de monsieur le maréchal de Vauban*, 1786, p. 21) des forteresses de Vauban, Choderlos de Laclos s'exprime en tant que général de brigade d'artillerie, expert en matière de technique guerrière. L'art de faire croire, qui se partage entre l'attaque et la défense, n'est-il pas lui aussi affaire de prudence et de stratégie ? De Laclos, officier d'artillerie et expert en tactique militaire, à Laclos, auteur d'un mémoire sur les fortifications de Vauban et des stratégies littéraires qui ciblent la crédulité du lecteur, la continuité n'est-elle pas indéniable ? Il n'est pas interdit de concevoir que de l'homme à l'auteur, ici la conséquence est bonne.

Dans les *Liaisons dangereuses*, le chevalier Danceny distingue en ce sens « l'amour véritable [qui] ne permet pas [...] de méditer et de réfléchir », qui avance à l'aveugle sans prévoir, de la « séduction, qui n'agissant jamais que par projet, peut combiner sa marche et ses moyens, et prévoir au loin les événements » (Lettre 148). Le sommet de l'art des leurres est atteint entre Valmont et Merteuil lorsque, à la menace d'une « véritable déclaration de guerre » (Lettre 153) qu'il formule, celle-ci riposte d'un mot lapidaire, ajouté au bas de la même lettre : « Eh bien ! la guerre ». La première offensive est du reste lancée par Valmont en privant Merteuil de sa nuit prévue avec Danceny en jetant ce dernier dans les bras de Cécile. Valmont l'attaque par l'ironie : « Eh bien, marquise, comment vous trouvez-vous des plaisirs de la nuit dernière ? n'en êtes-vous pas un peu fatiguée ? Convenez donc que Danceny est charmant ! il fait des prodiges, ce garçon-là ! » (Lettre 158) Frustrée et furieuse, Merteuil ne goûte pas les « mauvaises plaisanteries » (Lettre 159).

L'efficacité d'un mensonge dépend de la qualité des procédés qu'il utilise. Ainsi faut-il analyser les différentes tactiques de tromperies qui parviennent à faire passer le vrai pour le faux et le faux pour le vrai. Valmont n'abandonne pas « au hasard » (Lettre 6) la réussite ou l'échec de son « plan » (Lettre 44) de conquérir la présidente de Tourvel : « sa conduite est le résultat de ses principes. Il sait calculer tout ce qu'un homme peut se permettre d'horreurs sans se compromettre » (Lettre 9). Par exemple, le succès de la scène préméditée de sa fausse « généreuse compassion » (Lettre 21) envers une famille de paysans pauvres, sous le regard du fidèle espion de madame de Tourvel, lui fait dire à juste titre : « tout calculé, je me félicite de mon invention ». Merteuil elle aussi de son côté agit « après avoir bien concerté [son] plan » (Lettre 63). À la fin de la pièce, Lorenzo se définit comme une « machine à meurtre » (V, 7) : dans ce mot de « machine », on entend la machination. Arendt dissèque « les processus » (*MP*, p. 11) et « les manœuvres » (*VP*, 294), en un mot les « méthodes diverses de négation des faits » (*MP*, p. 60) par lesquelles la politique « falsifie et efface les faits » (*VP*, 294). Le propre de la falsification de la vérité en politique est de relever non d'inexactitudes improvisées pour la circonstance mais d'un « mensonge organisé » (*VP*, 295). Elle emploie le verbe « manipuler » (*VP*, p. 304) qui exprime bien la déformation élaborée et concertée que le mensonge fait subir aux faits. Arendt impute plus précisément l'essentiel du mensonge qui colonise l'espace public aux « inventions » (*MP*, p. 17) et aux « méthodes de Madison Avenue » (*VP*, p. 325). Aux États-Unis, « Madison Avenue » (*MP*, p. 48) est une métonymie de « publicité ». Il ne suffit pas de « dissimuler sous d'épaisses couches de fictions », il faut encore et surtout le faire « soigneusement » (*MP*, p. 15). Bref, mentir est un art. Arendt souligne que la politique américaine, singulièrement pendant la guerre du Vietnam, prend la forme d'un spectacle dont elle mobilise les artifices. Elle relève dans les *Pentagon papers* l'emploi des « termes de « scénarios » et de « publics » empruntés au vocabulaire du théâtre » (*MP*, p. 30), et appelle les auteurs des mensonges produits pendant cette guerre des « scénaristes » (*MP*, p. 52). Merteuil prévient Valmont que faire semblant d'être malade est un moyen de tromper « bien connu et bien usé » (Lettre 113) qui ne peut encore fonctionner qu'en le modifiant « par les détails ». Si ce subterfuge parvient à tromper la présidente de Tourvel qui s'alarme de sa santé et considère « qu'il devrait au moins consulter quelqu'un » (Lettre 114), c'est moins grâce à la finesse de la ruse qu'à cause de son aveugle crédulité. C'est la même raison qui conduit Merteuil à reprocher au chevalier Danceny l'emploi superlatif qu'il fait du « ton de cajolerie » (Lettre 121) : « par l'abus » qu'on en fait, le langage de la galanterie est usé et « ne devient plus qu'un protocole auquel on ne croit pas ». Le XVIIIe siècle est l'âge d'or du libertinage qui aboutit à cet échec littéraire que confirme le prince de Ligne en 1812 : « le jargon d'amour est si connu qu'on ne le prend plus pour argent comptant » (*Mémoires, Lettres et Pensées*, F. Bonnin, p. 607).

Si mentir est un art, c'est aussi une science. Cette « entreprise axée sur l'imaginaire » (*MP*, p. 54) n'est pas l'apanage de l'imagination mais engage aussi bien des « techniques » comme « le froid langage des chiffres et des pourcentages » (*MP*, p. 31). Rien de tel que la raison pure pour déréaliser le réel : dans le collimateur des « exercices intellectuels », la réalité tragique du « napalm » se dissipe. Un pays comme le Vietnam n'ayant « ni l'intention ni le pouvoir » de se montrer hostile envers les États-Unis se retrouve métamorphosé en « ennemi » (*MP*, p. 31-32) imaginaire à travers le prisme abstrait du « calcul » (*MP*, p. 54). En sorte que la vision du réel qui en sort semble être produite « par un ordinateur plutôt que par des hommes » (*MP*, p. 55). La raison a elle aussi son imaginaire, qui lui fait irréaliser le réel. Appliquée abstraitement à la réalité politique, « une vérité purement rationnelle et mathématique » équivaut à une illusion, à « la pure fantaisie » (*MP*, p. 56). Par exemple, les calculs prédisaient, d'après les documents du Pentagone, 30 % de risques que les Américains soient « liquidés comme les Français en 1954 » (*MP*, p. 55). C'était pour le coup sans compter sur la « *nature incalculable* » d'un événement comme une guerre, et croire « dans la possibilité de mettre la réalité en équations » (*MP*, p. 57). Arendt souligne ici la différence de nature entre les réalités politiques et des « jeux abstraits » (*MP*, p. 60) qui substituent aux faits une représentation logique mais illusoire.

L'essence de la tromperie est de donner l'apparence logique de la démonstration à la simple persuasion. Le triomphe de la persuasion sur la démonstration est total lorsqu'une contradiction passe pour une évidence, quand de l'impossible s'impose comme du certain. Le modèle en est fourni par Dom Juan qui persuade Charlotte et Mathurine qu'il va les épouser toutes les deux (Molière, *Dom Juan*, acte II, scène 4).

De plus, les ruses de l'art et les sortilèges de la science et de la logique peuvent se conjuguer et fournir « des scénarios [...] de pourcentages de risques » (*MP*, p. 54). D'où le soutien actif de nombreux « intellectuels » (*MP*, p. 31) à la propagande américaine anti-communiste, entre autres. Arendt cite Leslie H. Gelb, qui a dirigé la publication des *Pentagon papers*, parlant à propos du rôle des « spécialistes » impliqués dans ces mensonges d'État, d'une « maison sans fenêtres » (*MP*, p. 32, note 2) pour parler de la cécité de la raison.

Le problème est qu'Arendt affirme en même temps que le mensonge, et plus exactement « l'oubli » (*MP*, p. 15) qui fait disparaître les faits, est au contraire imputable à une « exaspération passionnée contre la raison, la pensée et le discours rationnel » (*La crise de la culture*, Préface, p. 15), sans signaler l'éventuelle contradiction, ni *a fortiori* l'interroger et la résoudre.

Valmont énumère les deux flancs d'attaque de la séduction – le flanc rationnel et le flanc affectif – auxquels il se dit également insensible : « je vous préviens seulement que vous ne m'abuserez pas par vos raisonnements, bons ou mauvais ; que vous ne me séduirez pas davantage par quelques cajoleries » (Lettre 153).

Une tactique classique pour mentir est de faire porter le chapeau à une personne innocente pour cacher sa propre culpabilité, comme le fait Lorenzo qui fait croire au duc que c'est son écuyer qui lui a volé sa cotte de mailles : « Méfiez-vous de Giomo ; c'est lui qui vous l'a volée » (IV, 1). Il l'interroge innocemment pour détourner les soupçons : « Avez-vous retrouvé votre cotte de mailles ? » En secret, il sait pertinemment que ce n'est pas possible puisqu'il l'a lui-même dérobée au duc et jetée au fond du puits pour préparer son assassinat. Valmont impute sa mauvaise vie à la mauvaise influence de son entourage : « Entouré de gens sans mœurs, j'ai imité leurs vices » (Lettre 23), tente-t-il de faire croire à madame de Tourvel. Merteuil n'hésite pas à compromettre ses « domestiques » (Lettre 63) dans ses intrigues parce qu'il est « commode de mettre l'indiscrétion sur leur compte », alors que c'est elle qui veut rendre publiques les lettres de Danceny à Cécile. Elle détourne aussi les « soupçons » de Cécile quant à la personne qui a trahi le secret de sa correspondance avec Danceny cachée dans son secrétaire et que sa mère a découverte : ils « s'étaient portés d'abord sur sa femme de chambre, et [...] je les ai détournés sur le confesseur. C'est faire d'une pierre deux coups ». Le stratagème fonctionne puisque Cécile ne soupçonne à aucun moment Merteuil : « Je ne sais pas qui est-ce qui nous a trahis ; ce ne peut être que ma femme de chambre ou mon confesseur » (Lettre 69). Valmont accuse un « rat » (Lettre 71) d'avoir effrayé la vicomtesse avec qui il vient de passer la nuit et qui a dû crier pour couvrir le bruit qu'il faisant en enfonçant la porte de sa chambre pour qu'elle puisse y retourner avant le lever du jour.

C'est une stratégie voisine que les États-Unis ont utilisée pendant la guerre du Vietnam, en diffusant des « allégations mensongères faussement attribuées au camp adverse » (*MP*, p. 35). Arendt refuse de compter au nombre des « ruses de guerre » une telle « tactique » (*MP*, p. 37) qui consiste à mener des opérations clandestines contre un adversaire de façon à le pousser à réagir, pour utiliser ensuite sa réaction provoquée comme alibi d'une action décidée depuis le départ. Elle cite à titre d'exemple la « stratégie de provocation » (*MP*, p. 37) contre le Vietnam de l'administration Johnson, à partir de 1963, qu'elle compare à « l'Okhrana », la « police secrète » (*MP*, p. 38) du tsar Alexandre III luttant contre les mouvements révolutionnaires en Russie et en Europe au moyen de l'espionnage et de l'infiltration, allant jusqu'à organiser des « attentats spectaculaires » (*MP*, p. 38) contre le régime tsariste. Merteuil accuse ainsi Danceny de « déguiser [sa] pensée » (Lettre 121), alors qu'elle n'est, à ce qu'elle prétend, que « franchise et simplesse »[1], et Valmont reproche à madame de Tourvel « le *mépris* » (Lettre 125) qu'elle lui a censément témoigné : Valmont souligne ce mot dans sa lettre à Merteuil qui comprend par là l'ironie de son propos qui incrimine autrui de « torts » qui sont les siens. Valmont feint de vouloir mettre fin à ses jours et de rendre madame de Tourvel coupable de ce désespoir de théâtre pour la contraindre à céder enfin à ses avances, ou pour mieux dire à ses attaques : « Eh bien, oui, Madame, nous serons séparés, séparés même

1. Simplesse : naturel sans déguisement.

plus que vous ne pensez ; et vous vous féliciterez à loisir de votre ouvrage ». Plus tard, quand elle le surprend avec Émilie à l'Opéra, il retourne sa culpabilité en accusation : « je suis plus malheureux que coupable » (Lettre 137), malheureux à cause de la prétendue injustice que madame de Tourvel lui fait subir en l'accusant, à juste titre ! Et madame de Tourvel s'accuse alors elle-même de son manque de confiance et ordonne à madame de Rosemonde : « Ô ma tendre mère ! grondez votre fille inconsidérée, de vous avoir affligée par trop de précipitation ; grondez-la d'avoir jugé témérairement et calomnié celui qu'elle ne devait pas cesser d'adorer » (Lettre 139). Valmont partage aussitôt sa délectation : « que ce soit moi actuellement qui reçoive les excuses et les réparations dues à ma candeur soupçonnée » (Lettre 140). Afin de protéger sa réputation tout en se livrant à de multiples conquêtes, Merteuil veille à détourner l'attention de « l'amant préféré » (Lettre 81) avec qui elle a une liaison vers « l'amant malheureux » à qui elle se refuse.

De ce même ordre est la tactique qui consiste à détourner l'attention vers autrui pour que les regards ne se tournent pas sur soi, comme le fait la marquise de Merteuil qui fait au vicomte de Valmont un portrait méprisant de la présidente de Tourvel, où se lit celui d'une rivale et se devine la jalousie : « Qu'est-ce donc que cette femme ? […] avec ses paquets de fichus sur la gorge, et son corps qui remonte au menton ! » (Lettre 5). Les lettres entre Merteuil et Valmont se terminent systématiquement sur des propos concernant leurs amants et amantes du moment, qui ont manifestement pour fin de rendre l'autre jaloux. Par exemple à la Lettre 54 de Merteuil qui se conclut ainsi, répond la Lettre 59 de Valmont : « Adieu, vicomte ; ne venez pas chez moi demain, à moins que ce ne soit le matin. J'ai cédé aux instances du chevalier, pour une soirée de petite maison ». Le vicomte s'en inquiète en feignant de s'informer : « Où étiez-vous donc hier ? Je ne parviens plus à vous voir. En vérité, ce n'était pas la peine de me retenir à Paris au mois de septembre ». Mais il riposte aussitôt à la fin de sa lettre : « Décidez-vous pourtant, car je viens de recevoir une invitation fort pressante de la comtesse de B… pour aller la voir à la campagne ». Merteuil réplique alors à son tour dans la Lettre 63, piquant la virilité de Valmont : « l'infatigable chevalier ne m'avait pas laissé dormir un moment »…

Une autre façon plus simple de faire croire à l'autre que l'on a les meilleures intentions envers lui alors qu'il n'en est rien est de prendre l'air innocent. La tactique exige alors de maîtriser ses émotions pour pouvoir en donner le spectacle hypocrite. C'est cette éducation que Merteuil s'est imposée à elle-même ainsi qu'elle le confesse à Valmont :

> « J'obtins dès lors de prendre à volonté ce regard distrait que vous avez loué si souvent. Encouragée par ce premier succès, je tâchai de régler de même les divers mouvements de ma figure. Ressentais-je quelque chagrin, je m'étudiais à prendre l'air de la sérénité, même celui de la joie ; j'ai porté le zèle jusqu'à me causer des douleurs volontaires, pour chercher pendant ce temps l'expression du plaisir. Je me suis travaillée avec le même soin et plus de peine, pour réprimer les symptômes d'une joie inattendue. C'est ainsi que j'ai su prendre sur ma physionomie, cette puissance dont je vous ai vu quelquefois si étonné […] Ce travail sur moi-même avait fixé mon attention sur l'expression des figures et le caractère des physionomies » (Lettre 81).

Tout l'art de Merteuil est de dissimuler ses intentions sous de fausses expressions de spontanéité : « je n'avais à moi que ma pensée, et je m'indignais qu'on pût me la ravir ou me la surprendre contre ma volonté. Munie de ces premières armes, j'en essayai l'usage : non contente de ne plus me laisser pénétrer, je m'amusais à me montrer sous des formes différentes ». Elle y parvient par la lecture des « romans », des « philosophes » et des

« moralistes » qui lui apprennent à dissocier « ce qu'on pouvait faire, de ce qu'on devait penser, et de ce qu'il fallait paraître ». Elle est dès lors experte dans l'art d'aimer, « non pour le ressentir à la vérité, mais pour l'inspirer et le feindre [...] il suffisait de joindre à l'esprit d'un auteur, le talent d'un comédien ». Valmont, dans la scène de séduction fatale pour la présidente de Tourvel adopte « un ton bas et sinistre » pour jouer froidement l'amoureux transi, prêt au suicide : « gardant un moment le silence, je jetais sur elle, comme au hasard, des regards farouches, qui, pour avoir l'air d'être égarés, n'en étaient pas moins clairvoyants et observateurs » (Lettre 125).

Combien de crapules à qui l'on donnerait le bon Dieu sans confession ? Comment savoir si les traits angéliques ne cachent pas une âme perverse ? Le cauchemar de la vérité morale, qui menace de la ruiner, n'est-il pas d'être corrompue par le miel d'une intention fourbe ? Cela tient à l'opacité impénétrable de la conscience d'autrui : « Dieu seul [...] lit dans les cœurs ; mais les hommes ne peuvent juger les pensées que par les actions » (Lettre 32). Merteuil s'apparente à « la Divinité » (Lettre 63) en cela qu'elle reçoit les confidences de Cécile comme de la mère de celle-ci et se partage entre « ce rôle auguste » et « celui d'ange consolateur ». Cette impossibilité de déterminer exactement ce qui se trame dans une âme hypocrite est très bien exprimée par l'emploi de l'adjectif indéfini « quelque » dans cette lettre de madame de Volanges qui met en garde la présidente de Tourvel : Valmont ne fait jamais rien gratuitement mais toujours en vue de « quelques noirceurs qu'il médite » (Lettre 9). La candeur de madame de Tourvel l'empêche de voir Valmont tel qu'il est : « où auriez-vous pris l'idée de l'âme d'un libertin ? ». Valmont déplore lui-même chez « nos femmes coquettes ce regard menteur qui séduit quelquefois et nous trompe toujours » (Lettre 6). La tromperie sait se nicher jusque dans les élans du cœur en apparence les plus spontanés, par exemple dans un « sourire étudié ». Valmont se plaint auprès de Merteuil de l'impénétrabilité de ses pensées : « puis-je deviner les mille et mille caprices qui gouvernent la tête d'une femme » (Lettre 76). Il considère que tout le monde nourrit des intentions mensongères mais que seulement quelques individus ont le courage de les traduire en actes : « voilà bien les hommes ! tous également scélérats dans leurs projets, ce qu'ils mettent de faiblesse dans l'exécution, ils l'appellent probité » (Lettre 66). Anticipant les analyses de Nietzsche dans *La Généalogie de la morale*, Merteuil moque elle aussi l'impuissance déguisée en vertu, et la morale, « le parti prude » (Lettre 81), cette coalition des impuissants. Elle démasque la moralité hypocrite de « quelques-unes de ces femmes, qui, dans l'impuissance d'avoir des prétentions à l'agrément, se rejettent sur celles du mérite et de la vertu ». Si Cécile regarde l'idée de voler la clé de sa chambre à l'insu de sa mère comme quelque chose qui « serait bien mal » et dont elle encourrait « le blâme et la faute », si elle renonce à passer à l'acte, c'est en vérité parce qu'elle n'en a « jamais eu le courage » (Lettre 88). La force de la passion le lui donnera.

Une autre façon subtile de tromper son monde est de feindre la crédulité ou l'incompréhension, de passer pour un naïf. C'est ce que fait Valmont lorsque, pour aller retrouver madame de Tourvel qui vient de quitter la table pour le fuir, il suit madame de Volanges qui se lève pour rejoindre celle-ci : « Je feignis donc de prendre ce mouvement particulier pour le mouvement général » (Lettre 76). Valmont fait semblant de ne pas avoir compris que madame de Volanges voulait rejoindre seule son amie. À l'occasion, il mime habilement la gêne, comme lorsqu'il veut mettre en confiance madame de Tourvel : « pour mettre la timide personne plus à son aise, je paraissais moi-même aussi embarrassé qu'elle. Peu à peu nos yeux accoutumés à se rencontrer, se fixèrent plus longtemps ; enfin ils ne se quittèrent plus » (Lettre 76).

Il n'y a pas plus prodigue en serments qu'une âme hypocrite. Valmont le jure sans sourciller à Cécile Volanges : « je hais tout ce qui a l'air de la tromperie ; c'est là mon caractère » (Lettre 84). Comble de la comédie, Valmont dicte une lettre de Cécile à Danceny dans laquelle il endosse clandestinement le faux « je » et le « moi » de surface qui s'expriment sous le nom de Cécile : « Tenez, je n'ai rien de caché pour vous, moi » (Lettre 117 « dictée par Valmont »). C'est parce qu'il connaît sa capacité à mentir que Merteuil est obligée d'assortir ce qu'elle lui raconte d'un « je vous jure » (Lettre 10). La flatterie intéressée du renard est comme de juste précédée d'un perfide « sans mentir » qui n'a d'autre fonction que de tromper le corbeau. Comme le note Rousseau au livre II de l'*Émile*, « le renard ne dit *sans mentir* que parce qu'il ment ». Dom Juan déclare sa bonne foi les yeux dans les yeux à Elvire : « je vous avoue, Madame, que je n'ai point le talent de dissimuler » (I, 3) ; il n'hésite pas davantage à prendre cyniquement Dieu à témoin de la véracité de son cœur pour persuader son propre père qu'il est devenu honnête homme : « le Ciel tout d'un coup a fait en moi un changement » (V, 1). Mais cette belle déclaration d'intention a été par avance vidée de tout contenu par la didascalie « Dom Juan *faisant l'hypocrite* ». Sganarelle est tout de même assez « benêt » pour s'y laisser prendre. Aussi, à la scène suivante, Dom Juan doit-il lui dire explicitement le fond de sa pensée : « Quoi ? tu prends pour de bon argent ce que je viens de dire, et tu crois que ma bouche était d'accord avec mon cœur ? » (V, 2) L'hypocrisie est le masque sous lequel Dom Juan dissimule ses intentions et son comportement. La Lettre 120 de Valmont au « père Anselme », invoquant « la force plus qu'humaine [...] dont le Ciel s'est servi pour ramener mon âme à la vertu » confirme la filiation littéraire et littérale de celui-ci à l'hypocrisie légendaire de Dom Juan. La présidente de Tourvel ne doute pas un instant de la réalité de « cet heureux changement »

(Lettre 124). Par ses faux serments, n'hésitant pas à instrumentaliser la croyance religieuse, Valmont obtient facilement du père Anselme, utilisé comme « médiateur » (Lettre 125), un rendez-vous avec madame de Tourvel, fatidique pour elle, au motif que la « grâce » (Lettre 123) l'a touché et sous couvert des « vues miséricordieuses de la Providence ». Dans ces conditions, que faut-il penser du « serment » (V, 8) que prononce Côme de Médicis lors de son intronisation ? Comment savoir si une intention secrète ne se cache pas sous la profession de foi publique de son « dessein de n'offenser personne » (V, 8) ? Arendt sait bien que dans les mains du politique, le mot de « vérité » n'est qu'une « question de rhétorique » (*VP*, p. 290). Elle lui reproche de ne pas « rester fidèle à la parole donnée » (*MP*, p. 63). Valmont se moque des réticences de Danceny à ne pas faire de fausses promesses, « comme s'il était bien gênant de promettre, quand on est décidé à ne pas tenir ! » (Lettre 66). Cécile Volanges, preuve supplémentaire de la pureté de son cœur, a « promis » à Danceny qu'elle saurait l'air qu'ils ont prévu de chanter ensemble et ne veut « pas manquer de parole » (Lettre 7). Valmont, lui, n'hésite pas à jurer son amour fidèle et éternel à madame de Tourvel : « je renouvelle à vos pieds le serment de vous aimer toujours » (Lettre 68).

Quoi de plus efficaces, en effet, que les déclarations de sincérité et les serments qui ne jurent de dire la vérité que pour tromper ? Valmont confie à madame de Tourvel qu'il est « incapable de tromper » (Lettre 23). Il lui déclare même : « vous me forcez enfin de recourir à la ruse, dans le moment même où mon unique but est de vous convaincre de ma bonne foi » (Lettre 36). Il parle de lui-même en ces termes : « la sincérité qui me caractérise ». Dans la même lettre qui cherche à abuser de madame de Tourvel, il lui parle d'un « récit fidèle » et de son « amour pur et sincère ». Plus tard il la somme d'être crédule : « vous pouvez m'en croire » (Lettre 58).

La dissimulation consiste moins, fondamentalement, à cacher la vérité qu'à cacher qu'on cache. C'est à la condition que la ruse ne se donne pas comme telle qu'elle peut fonctionner. Bref, toute tromperie confine au simulacre. Il s'agit de faire croire qu'on ne fait pas croire, de mettre en œuvre le principe politique du *Prince* (chapitre 18) de Machiavel selon lequel il ne suffit pas de faire croire, il faut encore et surtout « savoir bien déguiser cette nature de renard, et posséder parfaitement l'art et de simuler et de dissimuler ». Alors qu'il vient de s'entretenir avec elle, le cardinal Cibo intrigue contre sa belle-sœur la marquise, sitôt qu'elle sort à la fin de la scène 3 de l'acte I : celle-ci ne se doute encore de rien. Il entend utiliser les charmes de celles-ci et la pousser dans le lit du duc pour « parler, les yeux en pleurs, des malheurs de la patrie, pendant que le tyran adoré passera ses rudes mains dans ta chevelure dénouée » (II, 3). Le cardinal énonce alors sa stratégie qui doit rester secrète : « j'agirai sans parler ». L'essentiel est de ne pas éveiller la méfiance : son arme secrète est d'être homme d'église, officiellement cantonné au domaine spirituel et assigné à la véracité du cœur. Il se présente au duc « sans me revêtir d'aucun titre qui me donnât quelque pouvoir sur lui. C'est d'un autre qu'il se défiera, en m'obéissant à son insu. Qu'il épuise sa force contre des ombres d'hommes gonflés d'une ombre de puissance, je serai l'anneau invisible qui l'attachera, pieds et poings liés, à la chaîne de fer dont Rome et César tiennent les deux bouts » (II, 3). La ruse consiste à laisser croire au duc à la force de ce qui n'en a que l'apparence pour lui dissimuler la force réelle qui se cache sous l'apparence du confesseur inoffensif. La robe d'église est ce vêtement qui recouvre un pouvoir influent : « l'habit du dimanche » (II, 1). Si le cardinal échoue à manipuler la marquise, c'est justement parce qu'il laisse voir son intention en lui parlant de « secret » (II, 3) : le secret ne conserve son potentiel de tromperie qu'aussi longtemps qu'il est tu ; le nommer c'est l'en dépouiller. Ce mot éveille aussitôt les soupçons de sa belle-sœur : « que couves-tu, prêtre, sous ces paroles ambiguës ? » (II, 3). Comme il lui expose ouvertement sa stratégie de ne « parler qu'en termes couverts », elle identifie « le fil mystérieux de [ses] sombres pensées » (IV, 4), dont le mystère n'agit donc pas sur elle.

Merteuil élève la puissance de la fourberie du secret au carré lorsqu'elle menace Valmont : « je suis tentée surtout de vous retirer ma confiance. Je ne m'accoutumerai jamais à dire mes secrets à l'amant de Madame de Tourvel » (Lettre 5). Cet aveu d'avoir désormais des secrets pour lui ne désarme-t-il pas, sous le masque de la confidence, la méfiance de Valmont ? Quelle meilleure ruse pour tromper la confiance de quelqu'un que de lui déclarer en qu'on ne lui fait plus confiance ? Comment pourrait-on réussir à le tromper si on l'avertit qu'on va le faire ? Le chef-d'œuvre de la fausse confidence ne consiste-t-il pas faire la confidence de sa méfiance ? Chez Merteuil rien n'est innocent comme on le comprend à ce mot d'elle : « ce mot de perfide m'a toujours fait plaisir ».

Alors que Lorenzo semble mentir en affirmant qu'il s'est évanoui par peur de se battre, et donc que son mensonge confirme ainsi la réalité de son intention de tuer le duc, Bindo, son oncle, lui, doute de la sincérité de ce projet, comme le montre ce rappel qu'il lui fait de son engagement à soutenir la cause républicaine en conspirant contre le duc : « vous nous avez dit quelquefois que cette confiance extrême que le duc vous témoigne n'était qu'un piège de votre part » (II, 4). Cette phrase est moins une affirmation qu'une interrogation qui jette le doute sur le fait de savoir si Lorenzo ment vraiment quand il ment en disant qu'il est couard et s'il dit vrai quand il dit qu'il trompe le duc. Bindo désigne l'espace flottant du mensonge qui rend indécidable la question de la vérité : « Cela est-il vrai ou faux ? » (II, 4). C'est dans le jeu mobile que ce « ou » introduit entre le « vrai » et le « faux » que le faire croire déploie toute sa puissance en se rendant insaisissable. Plus Lorenzo assure son oncle de la vérité de son engagement aux côtés des républicains plus il nourrit le doute : « N'en doutez pas un seul instant, l'amour de la patrie respire dans mes vêtements les plus cachés » (II, 4). Rien de suspects, on vient de le voir, comme les serments. Du reste le mot de « vêtements » qu'utilise Lorenzo n'est-il pas équivoque au sens où il désigne ce qui sert à cacher le corps ?

Rien de tel pour accréditer un mensonge que de mêler du vrai au faux. On utilise ainsi l'aveu du vrai comme un moyen de faire croire au faux. C'est ce procédé qu'utilise Lorenzo lorsqu'il informe le duc du complot qui se trame contre lui chez Philippe Strozzi, où « ces viles créatures qu'on nomme bannis, et [...] ces meurt-de-faim se réunissent » (II, 4). Tout en avouant son « amitié » pour eux, il les traite de « canailles », si bien qu'on ne sait plus démêler le vrai du faux. Le duc dit en effet à Lorenzo : « je ne comprends pas comment ils te reçoivent », ce qui confirme que son esprit est dans un état de confusion qui n'éveille pas sa méfiance et désarme sa lucidité.

Une autre voie est d'utiliser une vérité comme moyen du faux, à l'instar de Merteuil qui s'arrange pour « faire savoir » (Lettre 85) qu'elle sera chez elle « le surlendemain », ce qui est vrai, pour faire croire à Prévan qu'elle a succombé à ses charmes et qu'elle lui donne ainsi une « espèce de rendez-vous », ce qui est un piège.

Si l'amour est un département de l'art de la guerre, la ruse en est l'arme principale. Laclos file en effet la métaphore militaire à propos de la défaite finale de la présidente de Tourvel face aux attaques de Valmont : « ce n'est donc pas, comme dans mes autres aventures, une simple capitulation plus ou moins avantageuse, et dont il est plus facile de profiter que de s'enorgueillir ; c'est une victoire complète, achetée par une campagne pénible, et décidée par de savantes manœuvres » (Lettre 125). Lorenzo conseille au duc de ne pas attaquer de front Gabrielle, la jeune sœur du marchand Maffio, mais d'« infiltrer » (I, 1) son esprit, de la **captiver** pour la **capturer**. Lorenzo porte sur Gabrielle le regard du stratège sur l'ennemi qu'il veut subjuguer : l'arme ici est « une caresse sur le menton » qui fera croire à un geste amical alors qu'elle cache le coup qui s'abat sans merci. Le cardinal lui aussi sait « où peut conduire un sourire féminin » (IV, 4) : c'est un appât où se laissent prendre les rois. Le langage est une autre pièce maîtresse de l'artillerie de la séduction : Lorenzo conseille au duc d'exploiter l'équivoque de l'allusion et la fausse sincérité du franc-parler – « tout dire et ne rien dire ».

Comme pour prendre le corps par le corps il faut d'abord posséder l'âme par les mots, le séducteur doit endormir l'esprit critique de sa cible. Si le chevalier Danceny échoue à se faire aimer de Merteuil, c'est qu'il est resté sur le terrain rationnel de l'argumentation : « j'ai voulu discuter seulement, et non pas te séduire ; je ne t'ai dit que des raisons, j'ose croire que j'eusse été plus fort par des prières » (Lettre 150). Or, comme l'écrit Sartre dans *L'Être et le néant* (III, 3, 1), « dans la séduction, le langage ne vise pas à donner à connaître, mais à faire éprouver ». On peut ainsi opposer l'amour et l'amitié comme la tromperie et la sincérité. Si Philippe Strozzi a « appelé du nom sacré d'ami » Lorenzo, c'est parce qu'il lui a gardé « son cœur ouvert » et que ce dernier lui dit ouvertement : « si je ne suis pas tel que vous le désirez, que le soleil me tombe sur la tête ! [...] Je tuerai Alexandre. Tel que tu me vois, Philippe, j'ai été honnête » (III, 3). La confiance semble maintenue entre eux. Toutefois Lorenzo désespère des hommes au point de ne voir chez eux aucun ami : « un chien est un ami fidèle » (III, 3).

L'« avertissement de l'éditeur » des *Liaisons dangereuses* fonctionne comme une antiphrase qui laisse le lecteur penser le contraire de ce qu'il déclare, à savoir qu'il a « de fortes raisons de penser que ce n'est qu'un roman » et non un « recueil » comme le laisse entendre le sous-titre : « lettres recueillies ». D'une part de « fortes raisons » laissent place au doute qu'elles font naître. D'autre part, le dispositif littéraire que constitue le diptyque de « l'avertissement de l'éditeur » et de la « préface du rédacteur » produit un démenti du démenti : cependant que l'éditeur laisse penser ce n'est qu'un roman, le rédacteur, lui, confesse qu'il croit à l'authenticité de cette correspondance et préfère en conséquence parler de « recueil » plutôt que d'« ouvrage ». Ce binôme de « l'éditeur » et du « rédacteur » a principalement pour effet de faire disparaître l'auteur, en lui substituant les différents auteurs des lettres, dès lors présentés non comme des personnages de fiction mais des personnes réelles. Par le truchement d'une note de bas de page particulièrement habile, le « rédacteur » précise qu'il a du reste « changé tous les noms des personnes ». Cet aveu qu'il fait au lecteur de la nature fictive des noms est une ruse qui vise à le persuader de la réalité des personnes. Cette fiction revendiquée des noms travaille en secret pour la fiction dissimulée des personnages. Ainsi le manque absolu de crédibilité du nom de « la Mère Perpétue » (Lettre 1) sert à crédibiliser le véritable nom que prétendument il dissimule.

Autre stratagème littéraire destiné à crédibiliser la fiction, « la variété des styles » des différents correspondants « qu'un auteur atteint difficilement » (Préface du rédacteur). Ce qui prouve que les lettres sont authentiques, selon ce « rédacteur », c'est la différence entre les écritures qui ne peut être l'ouvrage d'un seul et même auteur. Là encore, le « rédacteur » éclipse l'auteur pour attester la réalité des inventions de ce dernier. Le procédé va encore plus loin : le rédacteur déclare avoir imprimé, non un « ouvrage » mais un document, présentant ce livre non comme une invention mais comme un témoignage. Il va jusqu'à dénoncer la crédulité des « lecteurs séduits par l'idée que tout ce qui est imprimé est le fruit d'un travail » alors qu'il assure qu'en l'occurrence « l'impression » est une simple reproduction de lettres authentiques.

Ultime degré de supercherie, le rédacteur prévient le lecteur que « presque tous les sentiments » exprimés dans ces lettres sont « feints ou dissimulés » : celui qui déclare ouvertement mentir fait toujours naître le soupçon qu'il dit peut-être la vérité. Quelle meilleure ruse pour cacher qu'on ment que de l'avouer ? Sous le masque du « rédacteur » de la « préface », Laclos offre sa version littéraire du paradoxe du menteur formulé par Épiménide le Crétois, qui a fait dire à Foucault : « la vérité grecque a tremblé, jadis, en cette seule affirmation : « je mens » » (« La pensée du dehors », revue *Critique* de juin 1966, n° 229). Car s'il ment, il dit la vérité en disant « je mens », et s'il dit la vérité, il ment en disant « je mens », donc il dit vrai en disant « je mens » alors qu'il dit la vérité. De plus, concentrant l'attention du lecteur sur le contenu fourbe des lettres, « le rédacteur » accrédite la fiction de la réalité de leurs auteurs. Les auteurs de ces lettres sont des fourbes ! En invitant le lecteur à se méfier de ce qu'ils racontent, le rédacteur lui fait croire à la réalité des personnages que sont Merteuil, Cécile, Valmont… En outre, l'aveu que, non pas tous leurs sentiments, mais « presque tous » sont fallacieux, impose au lecteur l'idée que certains sont vrais, ce qui étend l'illusion de réalité des personnages à leurs récits. Ces va-et-vient entre aveux de sincérité fallacieux et profession de foi ouverte de fiction ont pour effet d'entortiller le lecteur, en le plongeant, avant même d'avoir commencé la lecture des lettres, dans une perplexité, destinée non à éveiller son esprit critique mais à alimenter sa crédulité. D'où la profonde duplicité de la déclaration liminaire de l'éditeur prétendant mettre en garde « le lecteur trop crédule » qui verrait autre chose qu'un « roman » dans ces lettres (Avertissement de l'éditeur), duplicité que vient redoubler et aggraver la prétendue défense par le « rédacteur » des droits à la vérité du « lecteur raisonnable » qui ne pourra que constater l'authenticité de ce « recueil » (Préface du rédacteur).

Afin d'accréditer une fiction, la littérature a recours à ce que Barthes appelle « l'Effet de Réel » (article paru dans la revue *Communications*, 1968, 11), qui consiste à introduire dans le récit un « détail absolu », une « notation insignifiante », sans fonction narrative, qui atteste de la réalité de ce qui est dit. Barthes l'assimile à la vérité photographique, sorte de « témoin brut », de « plénitude référentielle ». Avec le son de « la grenouille » et le « bruit lointain de cette ville » qui donnent son cadre à la scène qui clôt l'acte I de *Lorenzaccio*, « il se produit un effet de réel », comme dit Barthes. Laclos fait commencer une lettre de Valmont à Merteuil par une information anecdotique qui ne compte pour rien dans le récit et ne sert pas à faire avancer l'intrigue mais à la faire passer pour véritable : « Je comptais aller à la chasse ce matin, mais il fait un temps détestable » (Lettre 79) ; « le temps détestable qu'il a fait tout aujourd'hui ne me laissait rien espérer » (Lettre 99). De même, la mention entre parenthèses « (timbrée de Paris) » sur la Lettre 48 la leste de réalité, d'autant plus qu'elle contraste avec le faux timbre de Dijon de la Lettre 36 (voir Lettre 34). Autre effet de réel qui crédibilise la fiction, la mention « billet écrit au crayon » sur la Lettre 79 : la mère de Cécile lui ayant confisqué « papier, plumes et encre », elle est contrainte d'écrire avec « un crayon » sur « un morceau » d'une lettre de Danceny. La lettre dans laquelle Cécile raconte à Merteuil « l'attaque » qu'elle a subie de la part de Valmont en plein sommeil mobilise le même procédé : elle est d'une écriture tremblante – « ma main tremble, comme vous voyez, je ne peux presque pas écrire » (Lettre 97) – sur un « papier tout trempé » par les larmes. L'effet de réel peut contribuer à faire croire à l'existence d'un personnage, comme celui de Madame de Rosemonde, la vieille tante de Valmont qui est âgée de « quatre-vingt-quatre ans » (Lettre 8) et qui se plaint de son « rhumatisme » (Lettre 112) qui « s'est niché cette fois sur le bras droit », douleur mentionnée aussi au début de la Lettre 126 pour excuser le retard mis à répondre à une lettre de madame de Tourvel.

De même, l'aspect décousu des lettres, qui se suivent « sans transition » (Préface du rédacteur) produit un même effet de réel en rejetant toute idée de composition. En accusant la littérature d'être incapable de tromper le lecteur avec ses récits sentimentaux beaucoup trop ordonnés – « l'effet n'en est pas moins manqué. C'est le défaut des romans » (Lettre 33) –, Merteuil en retour accrédite « le discours moins suivi » de ce roman épistolaire qui fait ainsi croire qu'il n'est pas un roman. Laclos cherche à obtenir le même effet en opposant, par le truchement de Valmont, le combat « entre l'amour et la vertu » (Lettre 96) qu'on joue « au théâtre », et celui qui déchire madame de Tourvel qu'il rapporte à Merteuil, et qui se passe, lui, « dans la réalité ».

Plus largement la littérature a pu être définie par ce procédé qu'Aragon a appelé le « mentir-vrai », qui consiste à introduire des éléments historiques dans une fiction afin de la lester de réalité. C'est précisément le procédé qu'utilise Musset en tirant un drame théâtral d'un fait historique : le meurtre du duc Alexandre de Médicis en 1537 par son cousin Lorenzo. En publiant en appendice de *Lorenzaccio* un passage de la *Chronique florentine* de Benedetto Varchi, qui a écrit l'histoire des Médicis de 1527 à 1538 et dont il s'est inspiré, Musset indique la source historique de sa pièce et contribue de la sorte à brouiller la frontière entre le drame et le document en revendiquant entre eux une continuité. Au crédit historique que fournit la date des événements, Musset ajoute le crédit qu'apporte leur situation géographique : les scènes se déroulent tantôt à Florence au « bord de l'Arno » (I, 6), tantôt à Venise au « cabinet de Strozzi » (V, 7). La lettre du comte de Gercourt est signée de « *Bastia, ce 10 octobre 17*** » (Lettre 111). Assigner des coordonnées spatiotemporelles précises à la fiction c'est contribuer à faire croire à sa réalité. La référence à la décapitation des « statues de l'arc de Constantin » (I, 4) est un fait historique qui approfondit l'illusion de réalité. Le mensonge, on le sait depuis *Le Menteur* de Corneille, dissimule l'**invention** derrière la **précision** : Dorante tente de créditer l'un de ses innombrables mensonges en glissant entre parenthèses cette précision : « (ce fut, s'il m'en souvient, le second de septembre) » (Corneille, *Le Menteur*, II, 5).

Si Musset écrit une pièce historique, son mentir-vrai se complexifie pour inscrire en même temps son drame dans son époque. Il introduit volontairement des erreurs anachroniques qui, en exhibant leur fausseté historique, confèrent en retour à *Lorenzaccio* une vérité et une actualité politiques : Lorenzo porte la barbe pour revendiquer son appartenance au camp républicain, barbe qui caractérise les républicains du Paris de 1830 plutôt que ceux de Florence du XVIe siècle : « Je suis des vôtres, mon oncle. Ne voyez-vous pas à ma coiffure que je suis républicain dans l'âme ? Regardez comme ma barbe est coupée » (II, 4). Lorsque la marquise lance cette menace au duc, les contemporains de Musset saisissent nécessairement l'allusion aux barricades des trois journées d'émeutes de Paris du 27 au 29 juillet 1830, appelées « les Trois Glorieuses », et immortalisées par Delacroix dans son tableau *La Barricade*, plus connu sous le titre de *La liberté guidant le peuple* : « Les pavés sortiront de terre et t'écraseront » (III, 6). Ainsi, par le truchement de l'image anachronique des « pavés » lancés contre Alexandre de Médicis, le duc de Florence, Musset évoque directement la victoire du peuple sur les troupes de Charles X lors de la Révolution de Juillet. Écrit en 1833, *Lorenzaccio* est un drame politique qui fait croire qu'il se déroule au XVIe siècle pour se situer insidieusement dans son époque. Pour mémoire, en 1831 il y avait déjà eu la révolte des canuts à Lyon.

On le voit à la diversité des stratagèmes mis en place, faire croire suppose une technique dont les règles varient en fonction des personnes, du moment et du lieu. L'efficacité de la tromperie est notamment indexée sur la maîtrise du temps et le choix du moment. Lorenzo précise que la séduction relève de la stratégie militaire où « cela va plus vite qu'on ne pense ; le vrai mérite est de frapper juste » (I, 1), c'est-à-dire au bon moment, ni trop tôt ni trop tard. S'il fait régulièrement et depuis longtemps du « tapage » dans sa chambre en feignant de se battre avec son spadassin, Scoronconcolo, c'est en vue du jour où il y attirera le duc pour le tuer sans éveiller les soupçons de ses voisins, qui « ont eu peur la première fois » mais plus « maintenant » (III, 1). Lorsque le meurtre aura effectivement lieu à la fin de l'acte IV, Scoronconcolo s'inquiétera en vain : « Pourvu que les voisins n'aient rien entendu ! LORENZO. Ne te souviens-tu pas qu'ils sont habitués à notre tapage ? ». C'est donc au futur que Lorenzo conçoit son stratagème pour faire croire à ses voisins, le moment venu, à un exercice quotidien anodin alors qu'il s'agira en réalité d'un assassinat : « je ferai le coup dans cette chambre, et c'est précisément pour que mes chers voisins ne s'en étonnent pas que je les accoutume à ce bruit de tous les jours » (III, 1). La fabrique des apparences passe par la maîtrise du temps. C'est un défaut dans la chronologie d'un événement qui dénonce le stratagème de Vettori, qui est membre du tribunal des Huit : celui-ci veut faire croire aux républicains que « le pape a envoyé l'autorisation par un courrier que le cardinal a fait partir dans la nuit » (V, 1). Comme le temps pour qu'un tel échange de messages entre Florence et Rome ait pu avoir lieu est à l'évidence trop court, Ruccellaï détecte le mensonge à cette anomalie de la temporalité. Il corrige sèchement Vettori, ironisant sur cette fable du temps : « Vous voulez dire par un oiseau, sans doute ; car un courrier commence par prendre le temps d'aller, avant d'avoir celui de revenir. Nous traite-t-on comme des enfants ? ».

Si la moralité de l'intention se traduit par l'inflexibilité du comportement, la malignité d'un esprit se manifeste à la souplesse de l'attitude, ainsi que le remarque fort justement Danceny : « un vil séducteur peut plier ses projets aux circonstances, et calculer avec les événements ; mais l'amour qui m'anime ne me permet que deux sentiments, le courage et la constance » (Lettre 64). Comme le dit Valmont, qui s'inquiète de la réussite de son plan pour séduire la présidente de Tourvel : « la seule chose qui m'effraie est le temps que va me prendre cette aventure » (Lettre 6). Il redoute de tout faire échouer en se précipitant. L'heure n'est plus aux « heureuses témérités » qui lui ont souri pas le passé, mais à la « prudence », cet art de disposer du temps au lieu d'en subir le cours. Lorsqu'elle tente de l'interrompre au milieu de sa fausse confession, pour ne pas risquer de se trahir en perdant le ton naturel, il l'en empêche aussitôt et poursuit sa tirade, comme il le confie à Merteuil dans une incise entre parenthèses : « (Ici elle voulut m'interrompre ; mais je ne lui en donnai pas le temps.) » (Lettre 23). Dans cette même lettre il expose sa chronologie qui est de ne pas risquer, pressé par les « circonstances », un « triomphe prémédité » (Lettre 23). Il oppose le « braconnier obscur » qui tue « à l'affût le cerf », c'est-à-dire à l'improviste, et le « vrai chasseur » qui sait attendre sa proie. Il reconnaît toutefois que le hasard doit parfois venir « au secours de [la] prudence », ce qui confirme le rôle incontournable du paramètre temporel dans l'art de tromper. Merteuil qualifie cette conduite de « chef-d'œuvre de prudence » (Lettre 33), qu'elle justifie par le danger de l'irréparable que l'irréversibilité du temps fait peser sur l'action : « une occasion manquée se retrouve, tandis qu'on ne revient jamais d'une démarche précipitée ». Valmont sait que le succès de son entreprise de séduction dépend de la bonne exploitation du « moment décisif » (Lettre 70) et Merteuil lui rappelle que « le temps est précieux » (Lettre 74). Valmont attire l'attention de Danceny sur le fait qu'une personne qui a déjà été abusée « se tient sur ses gardes et n'est plus facile à surprendre »

(Lettre 155). D'où la nécessité de varier les ruses et le rôle-clé de l'inventivité et de l'improvisation.

Merteuil reproche toutefois souvent aussi à Valmont son appréciation scolaire, c'est-à-dire mauvaise, de la temporalité qu'exige la séduction. Elle lui conseille donc de ne plus écrire à madame de Tourvel à cause du délai incompressible entre le moment de la réception et celui de la rencontre, et de privilégier la puissance de la parole directe :

> « La véritable école[1] est de vous être laissé aller à écrire [...] à quoi vous servirait d'attendrir par lettres, puisque vous ne seriez pas là pour en profiter ? Quand vos belles phrases produiraient l'ivresse de l'amour, vous flattez-vous qu'elle soit assez longue pour que la réflexion n'ait pas le temps d'en empêcher l'aveu ? Songez donc à celui qu'il faut pour écrire une lettre, à celui qui se passe avant qu'on la remette ; et voyez si, surtout une femme à principes comme votre dévote peut vouloir si longtemps ce qu'elle tâche de ne vouloir jamais [...] Croyez-moi, vicomte : on vous demande de ne plus écrire ; profitez-en pour réparer votre faute, et attendez l'occasion de parler » (Lettre 33).

Une autre fois elle est obligée de « réparer » (Lettre 106) ses erreurs commises « comme un écolier » : il a trop attendu, laissant à madame de Tourvel le temps de partir. Dans les deux situations, il laisse passer trop de temps. Il retient la leçon dans la scène de sa conquête de madame de Tourvel, dont le déroulé est minutieusement maîtrisé, puisqu'il attend de la voir en larmes pour jouer la scène de la séparation définitive qui doit la faire se jeter dans ses bras : « Ce ne fut qu'alors que je pris le parti de feindre de m'éloigner ; aussi me retenant avec force : « Non, écoutez-moi, dit-elle vivement. — Laissez-moi, répon-

1. École : manière d'écolier, gauche, qui sent l'école.

dis-je. — Vous m'écouterez, je le veux. — Il faut vous fuir, il le faut ! — Non ! s'écria-t-elle… » À ce dernier mot elle se précipita, ou plutôt tomba évanouie entre mes bras » (Lettre 125). Valmont expose à Merteuil le détail de sa stratégie militaire :

> « Vous me trouverez, je crois, une pureté de méthode qui vous fera plaisir ; et vous verrez que je ne me suis écarté en rien des vrais principes de cette guerre, que nous avons remarqué souvent être si semblable à l'autre. Jugez-moi donc comme Turenne ou Frédéric. J'ai forcé à combattre l'ennemi qui ne voulait que temporiser ; je me suis donné, par de savantes manœuvres, le choix du terrain et celui des dispositions ; j'ai su inspirer la sécurité à l'ennemi, pour le joindre plus facilement dans sa retraite ; j'ai su y faire succéder la terreur avant d'en venir au combat ; je n'ai rien mis au hasard que par la considération d'un grand avantage en cas de succès, et la certitude des ressources en cas de défaite ; enfin, je n'ai engagé l'action qu'avec une retraite assurée, par où je puisse couvrir et conserver tout ce que j'avais conquis précédemment ».

Sur la scène politique, la gestion du temps est un paramètre essentiel de la propagande officielle. Dans le « système actuel de communication à l'échelle planétaire » où l'échange des messages s'est accéléré, la puissance « mystifiante » des images est « relativement courte » (*VP*, p. 326). L'intensité de la puissance de frappe d'un message est inversement proportionnelle à la durée de son efficacité. D'où la reproduction continue des propagandes politiques et économiques, contraintes « constamment de changer les falsifications » (*VP*, p. 327). Là encore, la question de la maîtrise du temps est un facteur crucial de l'art de falsifier les faits. Et là encore c'est justement la résistance du temps à son entière manipulation qui trahit la fraude : « cette instabilité permanente […] est elle-même une indication puissante du caractère mensonger » (*VP*, p. 327) des versions successives des faits. Le piège où se prennent ordinairement les menteurs est dans le fait qu'ils sont « flottants » (*VP*, p. 328) et se trahissent aux versions contradictoires qu'ils donnent tout à tour d'un même fait, « incapables de s'en tenir à aucune de leurs propres inventions ». Merteuil éveille les soupçons de Cécile parce qu'après lui avoir fait peur avec l'exclusivité du devoir conjugal, elle lui explique à présent qu'une fois mariée avec M. de Gercourt elle pourra garder Danceny comme amant : « Il y a pourtant une chose qui m'a bien surprise dans votre lettre ; c'est ce que vous me mandez pour quand je serai mariée, au sujet de Danceny et de M. de Valmont. Il me semble qu'un jour à l'Opéra, vous me disiez au contraire qu'une fois mariée, je ne pourrais plus aimer que mon mari, et qu'il me faudrait même oublier Danceny : au reste, peut-être que j'avais mal entendu, et j'aime bien mieux que cela soit autrement, parce qu'à présent, je ne craindrai plus tant le moment de mon mariage » (Lettre 109). Or, la marque distinctive de la réalité d'un fait est son « être-là obstiné » (*VP*, p. 328) qui tranche sur les représentations mouvantes dont on le recouvre. Arendt cite Montaigne disant, dans le chapitre intitulé « Des menteurs » des *Essais* (livre I, chapitre 9), que la vérité n'a « qu'un visage ». Dans « Du mensonge en politique », elle explique la « crise de confiance envers le gouvernement » américain par « les sables mouvants des déclarations mensongères » (*MP*, p. 12).

Le projet d'appliquer au futur la falsification ordinairement réservée au présent et au passé est voué à l'échec car on « ne peut anticiper des changements » (*VP*, p. 329) par nature imprévisibles. Arendt cite par exemple l'entêtement des politiques à reconnaître dans tout geste de conciliation la menace d'un « second Munich » (*MP*, p. 59), comme si une situation passée donnait la clé du futur, alors que l'histoire ne se répète pas. Elle fustige également ce qu'elle appelle « l'extrême gauche » de prendre le « génocide » comme paradigme de tout « massacre » et du coup de « passer l'éponge sur toute forme de massacre et d'autres crimes de guerre, tant qu'il ne s'agissait pas de génocide ». Cette sacralisation du passé, qui prend le déjà connu pour la norme de l'inconnu, empêche « d'apprécier la réalité en elle-même ». Le futur est par nature indocile au mensonge auquel il inflige inévitablement des démentis de façon « rétrospective » (*MP*, p. 61). Cet aveuglement a aussi ses victimes dans le camp américain : parmi les soldats, les « dizaines de milliers de drogués » (*MP*, p. 66), sans parler des soldats tués. Arendt vise ici les « villages de Potemkine » (*VP*, p. 329) (dont nous avons vu précédemment le sens historique) qui désignent au sens figuré les « trompe-l'œil » utilisés à des fins de propagandes. Lorsque l'événement attendu se présente et qu'il contredit sa représentation calquée sur le passé, par exemple la résistance du « gouvernement de Hanoï » (*MP*, p. 61) en dépit du bombardement du Vietnam le 2 mars 1965, « nul ne s'est avisé de la corriger en temps utile ». Comme le dit l'adage latin, l'erreur est humaine, mais ce qui ne l'est pas, ce qui est diabolique, c'est de persévérer dans son erreur : *errare humanum est, diabolicum perseverare*. C'est l'indifférence du mensonge au temps qui le rend monstrueux. Tel est le « cœur du problème » (*MP*, p. 62) pour Arendt, non pas tant de « s'engager » dans une guerre menée en dépit du réel, mais de « la poursuivre », sans jamais tirer « la leçon de l'expérience ».

C'est le langage lui-même, que l'art élève au rang d'éloquence, qui constitue la forge même du faire croire, dont le dramaturge est le véritable maître, comme on le comprend à cette tirade de Lorenzo, qu'il fait à l'heure la plus sérieuse de la pièce, minant ainsi la possibilité même de la franchise, « dignité » (II, 4) n'étant qu'un effet de langage :

« Pas un mot ? Pas un beau petit mot bien sonore ? Vous ne connaissez pas la véritable éloquence. On tourne une grande période autour d'un beau petit mot, pas trop court ni trop long, et rond comme une toupie. On rejette son bras gauche en arrière de manière à faire faire à son manteau des plis pleins d'une dignité tempérée par la grâce ; on lâche sa période qui se déroule comme une corde ronflante, et la petite toupie s'échappe avec un murmure délicieux ». (II, 4)

Du reste, en faisant Philippe Strozzi se dire à lui-même qu'il ne fait que manier des mots et couvrir « ce papier blanc » avec « un peu d'encre » (II, 1), Musset fait croire au lecteur, le temps d'une pièce, à la réalité de sa propre écriture, laquelle masque son irréalité en mettant en exergue celle de l'un de ses personnages. Ainsi Musset réhabilite la capacité des mots à singer les choses : les siens. Les mots ne sont plus de simples mots, tout au contraire : on peut « dire les choses comme elles sont, parbleu ! un mot est un mot » (II, 1). Merteuil, elle, ne croit pas Valmont sur paroles mais exige de lui des actes prouvant qu'il n'aime pas madame de Tourvel : « je l'avoue, je n'en croirais pas de vains discours. Je ne pourrais être persuadée que par l'ensemble de votre conduite » (Lettre 134).

Plus radicalement encore, comme le dit le peintre Tebaldeo qui parle pour l'art en général, et sans doute pour Musset qui confesse à travers lui son ambition illusionniste : « réaliser des rêves, voilà la vie du peintre » (II, 1).

Toute l'efficacité de l'arsenal de la tromperie dépend de la maîtrise de soi de son auteur. Pour être calculateur, il faut savoir garder son sang-froid. Jamais Merteuil ne se serait « trahie par aucune de ces phrases, qui quelquefois échappent au trouble ou au repentir » (Lettre 151). Malgré sa « fureur » d'avoir été trompé par celle qu'il cherche à tromper, pour arriver à ses fins, Valmont sait qu'il doit « reprendre son sang-froid » (Lettre 34).

Plus tard, contrarié d'avoir trouvé la porte de Cécile « fermée » à clé, il lui écrit « sur-le-champ un billet » (Lettre 99) assassin, avant de se reprendre : « comme on dit, la nuit porte conseil [...] j'ai différé ma vengeance ». Merteuil, de son côté, maitrise son discours pour lui faire croire qu'elle n'est pas jalouse de l'amour qu'il manifeste pour madame de Tourvel : « croyez-moi, ne soyons qu'amis, et restons-en là » (Lettre 134). À l'inverse, la personne qui ne sait pas se contrôler, comme Cécile Volanges quand elle n'arrive pas à dérober la clé de sa chambre pour que Valmont puisse en faire un double, est empêchée d'agir : « je me suis toujours mise à trembler » (Lettre 88), lui écrit-elle. Merteuil fait remarquer à Cécile qu'elle écrit trop naïvement : « voyez donc à soigner davantage votre style [...] vous dites tout ce que vous pensez, et rien de ce que vous ne pensez pas. Cela peut passer ainsi de vous à moi, qui devons n'avoir rien de caché l'une pour l'autre : mais avec tout le monde ? avec votre amant surtout ? vous auriez toujours l'air d'une petite sotte. Vous voyez bien que, quand vous écrivez à quelqu'un, c'est pour lui et non pas pour vous ; vous devez donc moins chercher à lui dire ce que vous pensez, que ce qui lui plaît davantage » (Lettre 105). Ces personnages incapables de dissimulation, comme la marquise Cibo, marquent le contraste avec les hypocrites qui les entourent qui apparaissent d'autant plus diaboliques. Merteuil reconnaît cependant que les relations amoureuses se devinent inévitablement à certains signes : « quoi qu'on puisse faire, le ton n'est jamais le même avant ou après le succès » (Lettre 81). Valmont en jouit, lui, comme d'un spectacle : « j'aime, de passion, les mines de lendemain » (Lettre 96). Il est des sentiments, des états intimes que l'on ne peut pas masquer. Cécile Volanges et la présidente de Tourvel qui est « naïve et franche » (Lettre 6), mettent en relief l'immoralité de Merteuil et de Valmont, tout comme Catherine, la tante de Lorenzo, « vertueuse, irréprochable », « ce petit cœur innocent » (IV, 5), souligne la perfidie glaciale de Lorenzo. Entre madame de Volanges et la présidente de Tourvel, il n'est question que de « confiance », de « vœu sincère » (Lettre 8), d'« amitié sincère » (Lettre 9) et l'expression des « sentiments sincères » (Lettre 8) qui termine cette lettre n'est pas sous la plume de cette dernière une formule de politesse creuse mais le cri d'un cœur pur. L'impureté de Valmont éclate devant « la joie pure » (Lettre 6) de madame de Tourvel, et sa modestie « qui n'est point jouée ». Lui est un comédien qui adopte à loisir le « ton dramatique » (Lettre 125), même s'il en fait trop et compte sur « le secours des larmes » qui ne viennent pas sur commande comme il le déplore : « soit mauvaise disposition, soit peut-être seulement l'effet de l'attention pénible et continuelle que je mettais à tout, il me fut impossible de pleurer ». Il pâtit ici pour ainsi dire d'un excès de sang-froid.

Valmont lui-même en vient toutefois à éprouver pour de bon une passion qu'il a d'abord jouée : « quand même la scène d'hier m'aurait, comme je le crois, emporté un peu plus loin que je ne comptais : quand j'aurais, un moment, partagé le trouble et l'ivresse que je faisais naître ; cette illusion passagère serait dissipée à présent ; et cependant le même charme subsiste » (Lettre 125). Lorsque madame de Tourvel se donne enfin à lui, dans une ivresse « complète et réciproque », il écrit à Merteuil : « Je ne sortis de ses bras que pour tomber à ses genoux, pour lui jurer un amour éternel ; et, il faut tout avouer, je pensais ce que je disais ». Faut-il prendre cet aveu à la lettre ou doit-on y lire une sincérité mensongère visant à piquer la jalousie de Merteuil à son endroit ? La fin de la lettre incline à penser qu'une fois encore il ne pense pas ce qu'il dit : « Dépêchez-vous donc de renvoyer votre pesant Belleroche, et laissez-là le doucereux Danceny, pour ne vous occuper que de moi ». Il y revient jusqu'à la fin : « surtout, plus de Danceny » (Lettre 151). Et la réponse de Merteuil confirme que la ruse de Valmont a rempli son effet puisqu'elle ironise non sans amertume sur « *l'adorable*, *la céleste* madame de Tourvel » et « *l'attachante Cécile* » (Lettre 127), avant de conclure, manifestement jalouse : « gardez vos baisers, vous avez tant à les mieux placer ! … ». Lorenzo de son côté s'interroge : « quel homme de cire suis-je donc ? ».

Entre le dissimulateur professionnel et le pur innocent se trouve madame de Tourvel qui n'arrive « maladroitement » qu'à produire « son petit mensonge », « ses petites ruses » (Lettre 25). Le grandiose de la tromperie lui reste inaccessible. Elle ne parvient pas à tromper Valmont qui identifie facilement « l'insigne fausseté » de son indifférence : « elle affirme qu'elle n'a point d'amour, quand je suis sûr du contraire […] Il faudra pourtant feindre de croire à tout ce radotage ». Sommet sublime de la tromperie : faire croire que l'on y croit alors que l'on n'y croit pas du tout !

La maîtrise du « métier de tromperie » (*VP*, 322), qui appartient traditionnellement aux « diplomates », faisait qu'ils « pouvaient tromper les autres sans se tromper eux-mêmes ». La spécificité du mensonge politique actuel, selon Arendt, est qu'il finit par « tromper tout le monde ». Peut-on encore parler de stratégie quand le stratège se prend à son propre piège ? L'originalité d'Arendt est de distinguer « le menteur de sang-froid qui se permet de goûter sa farce de l'extérieur » de « la duperie de soi » pour montrer que celui qui se trompe aussi lui-même en trompant les autres se montre « persuasif » car il croit à sa propre fable (*VP*, 324). On peut rappeler à ce propos le mot de Mirabeau à propos de Robespierre, qui instaura le culte de l'Être suprême comme pilier de sa politique révolutionnaire : « Il ira loin parce qu'il croit tout ce qu'il dit » (cité par F. Furet, *La Révolution française*, Hachette, III, p. 246). Arendt considère que le vrai problème que posent les documents secrets du Pentagone n'est pas celui du « mensonge » (*MP*, p. 50) fait par le gouvernement au public mais celui de « l'autosuggestion » (*MP*, p. 51) par lequel le gouvernement s'est pris au jeu de ses propres mensonges. Car plus le trompeur croit « lui-même à ses propres mensonges », plus il est « convaincant et réussit à convaincre ». On croit plus facilement celui qui croit en lui que celui que l'on sent détaché ou calculateur. Encore existe-t-il un degré où « le dupeur qui se dupe lui-même » perd tout sens de la différence « entre le vrai et le faux, entre le réel et l'imaginaire, distinction qui devient étrangère à un esprit entièrement coupé des réalités » (*MP*, p. 54).

Les mensonges que l'on fait et auxquels on finit par croire soi-même s'étendent en outre du tragique au comique, comme on l'a vu avec cette réplique de monsieur Jourdain qu'est le bourgeois Venturi (II, 4). Arendt rapporte l'anecdote d'un « plaisantin pris à son propre mensonge », celle d'une sentinelle qui sonne l'alarme pour s'amuser à faire peur à ses concitoyens et finit par croire à l'arrivée de l'ennemi (*VP*, p. 323-324 et *MP*, p. 51).

La mise en œuvre d'une « opération destinée à tromper » (*MP*, p. 47) suppose, de la part des auteurs des dissimulations, de savoir « distinguer la vérité qui se trouve derrière leurs dissimulations ». Un défaut de maîtrise de la tromperie se reconnaît à ce qu'il « répand la confusion au lieu de convaincre. En effet, l'efficacité de la tromperie et du mensonge dépend entièrement de la notion claire de la vérité que le menteur et le trompeur entendent dissimuler » (*MP*, p. 48). Pour mentir, commente Arendt, il faut en effet rester « au fait de la distinction entre le vrai et le faux » (*VP*, p. 324). Dans l'*Hippias mineur*, auquel Arendt fait référence sans le citer (*VP*, p. 296), Platon pose cette aporie, sans la résoudre, selon laquelle il semble que le mensonge vaille mieux que l'ignorance dans la mesure où le menteur, à la différence de l'ignorant, connait la vérité, puisqu'il la cache. Tous les stratagèmes qui œuvrent en secret à travestir la vérité, confirment qu'il y a « une inaliénable primauté » (*MP*, p. 48) de la vérité sur ses contrefaçons. Tout étourdie qu'elle soit par les mensonges de Valmont et bien qu'elle semble repousser ses avances, madame de Tourvel sait bien au fond d'elle qu'elle choisit de se livrer à Valmont en entretenant les relations avec lui, comme elle le reconnaît : « quand vous faites tout ce qu'il faut pour m'obliger à rompre cette correspondance, c'est moi qui m'occupe des moyens de l'entretenir » (Lettre 67).

Dans la panoplie des techniques de falsification, l'intelligence artificielle représente le chef-d'œuvre actuel dont le danger est que la connaissance de la vérité ne soit plus que le privilège de quelques informaticiens chevronnés, et que « les gens normaux ne puissent plus distinguer le vrai du faux », comme s'en inquiète dans une interview au *New York Times* (1/05/2023) Geoffrey Hinton, chercheur qui a joué un rôle crucial dans le développement des réseaux de neurones artificiels et dont les travaux sont à l'origine d'outils comme ChatGPT. Geoffrey Hinton vient de quitter Google en disant « regretter » son invention.

Fiche 8

Faire accroire pour arriver à ses fins et asservir l'autre

Dans son récit de voyage aux Antilles du début du XVIIIe siècle, le père Labat rapporte qu'un colon anglais de l'île de Saint-Christophe, voyant que ses esclaves se pendaient en nombre parce qu'ils espéraient de cette façon échapper à leur maître et « retourner tous ensemble en leur pays », eut l'idée, pour les en dissuader et les soumettre à son joug, de leur faire croire qu'il avait décidé de se pendre avec eux pour les accompagner en Afrique où il avait une habitation dans laquelle il continuerait de les faire travailler : « il les pressait de se pendre, feignant qu'il n'attendait que cela pour se pendre aussi et aller avec eux : il avait même choisi son arbre et attaché sa corde » (*Voyage aux îles de l'Amérique*, 1722). Ce stratagème infernal au cœur de l'enfer esclavagiste reconduit l'intention de faire croire à la volonté d'asservir.

Laclos définit la relation de vérité entre Merteuil et Valmont comme « cette marche franche et libre » (Lettre 129) qui pose par contraste une solidarité entre le mensonge et la domination. En effet, Valmont scelle froidement par avance et à son insu le sort de la présidente de Tourvel dont il se joue : « le temps ne viendra que trop tôt, où, dégradée par sa chute, elle ne sera plus pour moi qu'une femme ordinaire » (Lettre 96). Il s'en vante par avance auprès de Merteuil : « je puis enfin prédire, avec certitude, le moment de la chute de mon austère dévote » (Lettre 99). Celle-ci exprime bien l'emprise des discours séducteurs de Valmont sur elle : « Vous m'entourez de votre idée, plus que vous ne le faisiez de votre personne » (Lettre 56). Merteuil fait croire à Madame de Volanges qu'elle est son amie pour en faire sa confidente et pouvoir ainsi en retour la manipuler en disposant de sa fille Cécile à sa guise, ce qui est son objectif secret : « en rentrant chez la mère, je l'ai décidée à éloigner sa fille pour quelque temps, à la mener à la campagne… » (Lettre 63). Le « rédacteur » des *Liaisons dangereuses* justifie la suppression de la correspondance entre Cécile et Danceny de la Lettre 39 à la Lettre 45 pour cette raison que leurs lettres « sont peu intéressantes, et n'annoncent aucun événement » (Lettre 39, note 1) : cela signifie clairement qu'ils sont l'un et l'autre des jouets aux mains de Merteuil et de Valmont et ne jouent aucun rôle dans leur mésaventure. Merteuil qualifie ironiquement le chevalier Danceny de « Céladon » (Lettre 51), en référence au personnage de *L'Astrée* d'Honoré d'Urfé qui est le parangon de l'amour pur et fidèle. Ils le qualifient l'un (Lettre 57) et l'autre (Lettre 63) de « beau héros de roman », c'est-à-dire d'acteur pour rire et de marionnette dans la réalité. Merteuil se targue « d'en faire ce que je veux qu'il soit ». C'est elle qui décide de « réunir les acteurs » sur la scène du théâtre dont elle est l'auteur. Valmont, lui, feint de marcher au hasard avec madame de Tourvel alors qu'il a « dirigé sa promenade » (Lettre 6) en direction d'un « fossé » qui va l'obliger à coller son corps contre le sien pour l'aider à le franchir. Il annonce son projet dont celle-ci ne se doute aucunement : « j'aurai cette femme ». Valmont « n'a jamais fait un pas ou dit une parole sans avoir un projet » (Lettre 9). La ruse est si bien cachée que de son côté madame de Tourvel assure à madame de Volanges qu'« il ne sait point abuser de la gaité qu'il inspire » (Lettre 11). De façon similaire, en décidant de confier son idylle naissante à Merteuil, Cécile ne sait pas qu'elle vient de se jeter dans la gueule du loup : « J'ai bien envie d'en parler à madame de Merteuil [...] je lui conterai tout. En ne faisant que ce qu'elle me dira, je n'aurai rien à me reprocher » (Lettre 16). Elle confiera effectivement à celle qu'elle appelle « mon amie » ses sentiments pour Danceny (Lettre 27), et c'est ce qui va sceller sa perte.

La ruse c'est la force continuée par un autre moyen, lorsque la contrainte est trop dangereuse, comme le fait comprendre Valmont qui a l'idée de conduire madame de Tourvel contre son gré avant de se raviser par prudence : « j'eus besoin de me rappeler que nous pouvions être vus, pour n'y employer que de l'éloquence » (Lettre 40).

Le mensonge en politique lui aussi doit être reconduit à ses mobiles. Si Arendt parle de « fausseté délibérée » (*VP*, p. 295), c'est pour mettre l'accent sur l'intention politique qui préside à la falsification de la vérité. En matière de politique, le pouvoir a fondamentalement pour fin de faire croire à tout ce qui le renforce et de dissimuler tout ce qui pourrait l'affaiblir. À partir de la distinction que fait Platon du menteur et de l'ignorant, elle montre comment le mensonge, en quittant la pure sphère théorique du savoir pour envahir le terrain politique du pouvoir, est devenu une faute plus grave qu'une simple erreur. La différence entre l'ignorance et le mensonge correspond à celle « entre le *pseudos* involontaire et volontaire » (*VP*, 296).

On peut cacher les faits mais l'on peut aussi cacher « des intentions » (*VP*, 321). En amour, pour l'amant comme pour la maîtresse fourbes, le mensonge est le moyen de satisfaire leur plaisir. C'est parce qu'il parvient à lui faire croire qu'il veut son bien que le séducteur amène sa victime à collaborer à sa propre perte en se faisant complice de son ennemi. C'est ce que confirme par contraste la marquise Cibo qui suspecte « quelque sourde pensée » cachée sous les paroles religieuses de son confesseur, le cardinal Cibo : « que veut-il donc faire de moi ? » (II, 3). De même, la lettre du duc à Catherine, la tante de Lorenzo, a beau jurer son « amour », celle-ci n'y croit à aucun moment. Elle comprend son intention de faire d'elle sa « maîtresse » (III, 4) ou même pire, sa courtisane. En revanche, lorsque la ruse fonctionne, le séducteur se joue de sa proie qui en vient, comme le dit Lorenzo, « à toucher ce qui l'effraye, à mépriser ce qui la protège » (I, 1), bref à négliger son propre intérêt pour servir à son insu celui d'autrui. Le jeune chevalier Danceny est dupe du jeu que joue Valmont : « cet homme vraiment aimable, qui aujourd'hui fait tout pour moi » (Lettre 72). Cécile est persuadée que Valmont est venu la retrouver « pour rendre service » (Lettre 75). C'est le cynisme de Valmont, de ne pas vouloir prendre de force madame de Tourvel : « il faut qu'elle se donne » (Lettre 6). Séduire l'autre c'est lui faire croire que l'on veut son bien pour lui faire faire ce qui lui fait du mal. Le mensonge n'est pas seulement faux, il est « faux et dangereux » (Lettre 9). Danceny croit avoir écrit de son propre chef une lettre à Cécile alors que c'est Merteuil qui en est l'instigatrice comme elle le confie à Valmont : « je vous expliquerai le billet de Danceny. L'événement qui le lui a fait écrire est mon ouvrage, et c'est, je crois, mon chef-d'œuvre » (Lettre 63). Valmont envisage de « faire *innocemment* du bruit » (Lettre 110 : c'est Valmont qui souligne pour marquer la fausseté de cette innocence) alors qu'il est en train d'« accélérer [l']éducation » érotique de Cécile dans un cabinet mitoyen de la chambre de sa mère pour la décider à poursuivre cette relation « dans un asyle plus sûr », à savoir dans la chambre de Valmont. Pour la même raison, alors qu'elle a ri discrètement, Valmont parvient « à lui faire croire qu'elle avait fait *un bruit affreux*. Je feignis une grande frayeur » (Valmont souligne encore pour faire rire Merteuil à qui cette lettre est adressée).

L'un des moyens les plus sûrs pour amener l'autre à servir à nos fins est de lui laisser croire que c'est lui qui commande et nous impose les siennes. C'est la stratégie utilisée par Valmont pour conduire madame de Tourvel à son insu : « je n'ai pas cru devoir perdre l'occasion de lui laisser me donner un ordre : persuadé, d'une part, que qui commande s'engage ; et de l'autre, que l'autorité illusoire que nous avons l'air de laisser prendre aux femmes, est un des pièges qu'elles évitent le plus difficilement » (Lettre 40).

Mais comment être sûr de savoir qui se joue de qui ? Celui qui croit manipuler l'autre à ses fins n'est-il pas lui-même le jouet d'une manipulation qui feint de se laisser manipuler ? C'est ce que Merteuil révèle à Valmont : les hommes croient la posséder mais c'est elle qui se « donne l'air de céder à la force » et qui « sait garder l'air de la violence jusque dans les choses que nous accordons » (Lettre 10). C'est à elle que revient l'initiative de « la gloire de la défense et le plaisir de la défaite ». L'amour libertin est un jeu de dupes, un « tournoi », qui demande de « l'adresse » et du « talent », dans lequel celui qui croyait prendre est pris. C'est tout l'art et la galanterie de la femme, selon Merteuil, que de faire croire à l'homme à sa victoire, alors que c'est son plan à elle qui triomphe à son insu. C'est toute la différence avec les femmes « violées ». Merteuil méprise Cécile parce qu'elle se rend aux hommes « uniquement parce qu'on l'attaque et qu'elle ne sait pas résister. Ces sortes de femmes ne sont absolument que des machines à plaisir » (Lettre 106. Sur le féminisme de Merteuil voir la fin de notre fiche 9). Laclos met dans la bouche d'Azolan, le valet de Valmont, une réflexion qui donne le dernier mot aux femmes. C'est cet homme, qui n'est que valet, qui instruit pour une fois son maître, trop sûr de lui, en lui disant que les femmes ne se laissent faire par les hommes qu'autant que par ce moyen elles arrivent à leurs fins : « Monsieur sait sûrement mieux que moi, me dit-il, que coucher avec une fille, ce n'est que lui faire faire ce qui lui plaît : de là à lui faire faire ce que nous voulons, il y a souvent bien loin » (Lettre 44).

La mère de Lorenzaccio se désole de sa fourberie qui réussit à faire que les citoyens ont « confiance en lui » (I, 6) lorsqu'il ne poursuit, pense-t-elle, que son goût du vice. La fin justifiant les moyens, il n'hésite pas à s'auréoler de la réputation de Côme l'ancien, son arrière-grand-oncle surnommé en son temps « le père de la patrie », faisant « tourner à un usage infâme jusqu'à la glorieuse mémoire de ses aïeux ». Les « républicains » se prennent à ce leurre comme des oiseaux à la glu.

L'ensemble des stratagèmes que vont utiliser Valmont et Merteuil pour abuser de la crédulité de Cécile, ont pour origine le désir de vengeance de Merteuil, comme elle le lui dit : « vous servirez l'amour et la vengeance » (Lettre 2). Manipulations, mensonges et autres stratagèmes sont les moyens de sa vengeance. La fin personnelle justifie de tromper autrui. Réduit en simple instrument de vengeance personnelle, autrui n'est plus une personne à qui l'on doit le respect mais un hochet dont on se joue. Le mensonge érigé en stratégie égoïste nous installe en pleine immoralité. Cécile n'est plus aux yeux de Merteuil qu'un « bel objet » (Lettre 2), tout comme celle-ci désigne madame de Tourvel à Valmont comme « ce bel objet » (Lettre 5). Cette dernière redoute de finir elle aussi parmi « cette foule de femmes » (Lettre 41) que Valmont a déshonorées. Le complot de Valmont en vue de la conquête de madame de Tourvel n'est lui-même qu'un « moyen d'infidélité » vis-à-vis de celle-ci puisqu'il est prévu, dans le « bail » renouvelé entre lui et Merteuil, qu'une fois cette conquête obtenue, comme elle le dit : « je suis à vous » (Lettre 20). C'est pourquoi elle lui souhaite « bon succès ». En retour, Valmont l'informe, dans la lettre suivante, de ses progrès : « ma belle amie, j'ai fait un pas en avant, mais un grand pas, et qui, s'il ne m'a pas conduit jusqu'au but, m'a fait connaître au moins que je suis dans la route » (Lettre 21).

Il faut noter que Valmont lui-même est, du point de vue de Merteuil, un moyen qu'elle entend utiliser à ses propres fins.

La raison qui pousse Merteuil à user de ruses pour humilier la jeune Cécile et le comte de Gercourt est que celui-ci a blessé son orgueil en la quittant jadis pour l'Intendante, comme nous informe une note de la Lettre 2. Elle confie en effet à Valmont son projet : « l'espoir de me venger ». Le dépit amoureux à l'origine de l'« excellente idée » (Lettre 2) dont elle fait part à Valmont, n'est donc pas à proprement parler une raison mais plutôt une passion. Au fondement de la tromperie, on trouve les excès égocentriques d'un amour blessé. Si Merteuil abuse en toute conscience de la crédulité de Cécile, est-elle lucide sur son propre amour ? Sous la froideur cynique de la vengeance ne faut-il pas deviner l'aveuglement de l'amour ? Dès lors, le trompeur n'est-il pas lui-même trompé par sa passion qui se joue de lui à son insu ? En faisant croire à Cécile tous les mensonges qu'elle lui débite, Merteuil ne se fait-elle pas croire à elle-même qu'elle agit lorsqu'en réalité elle subit le dépit d'avoir été quittée pour une autre ? Peut-on la croire lorsqu'elle assure : « l'amour ne m'aveugle pas » (Lettre 2) ? Valmont lui-même a beau manipuler madame de Tourvel, il ne garde pas toujours la position dominante de l'observateur extérieur. Par exemple quand il découvre des « traces » de « larmes » de celle-ci sur la lettre déchirée qu'il lui a envoyée : « je l'avoue, je cédai à un mouvement de jeune homme, et baisai cette lettre avec un transport dont je ne me croyais plus susceptible » (Lettre 44).

Le projet de Lorenzo d'assassiner le duc, s'il n'en naît pas, n'est-il pas déclenché par la scène où ce dernier le ridiculise en public en lui faisant apporter une épée pour qu'il se batte en duel contre Sire Maurice qui l'a dénoncé, alors que le duc sait pertinemment que Lorenzo est couard : « son Altesse se rit de moi » (I, 4) ? L'humiliation publique est à son comble lorsque le duc l'affuble d'un diminutif féminin : « Allons, chère Lorenzetta, fais-toi emporter chez ta mère ». On peut douter de la sincérité de ses sentiments républicains : le mobile politique ne cache-t-il pas une motivation personnelle ? À Philippe Strozzi qui vit ses intérêts personnels (« ma ») comme des moyens du bien public (« la ») – « que l'injustice faite à ma famille soit le signal de la liberté » –, Lorenzo avoue qu'il a sacrifié le sens moral du bien par amour du pouvoir politique : « j'étais bon, et, pour mon malheur éternel, j'ai voulu être grand » (III, 3). La réponse que Lorenzo reçoit du peintre Tebaldeo ne vaut-elle pas dès lors pour lui aussi ? « LORENZO. Es-tu républicain ? aimes-tu les princes ? TEBALDEO. Je suis artiste ; j'aime ma mère et ma maîtresse » (II, 2). Il l'avoue ouvertement à sa mère et à sa tante plus loin dans le même acte : « je vous estime, vous et elle. Hors de là, le monde me fait horreur » (II, 4). La ruse qu'il déploie a ainsi pour mobile profond « l'orgueil » (III, 3). Dès lors son projet d'assassinat, qui justifie sa duplicité, est-il véritablement sien ? et est-ce encore un projet ?

Arendt cible les « gigantesques organisations d'intérêts » (*VP*, p. 325) qui opèrent une subordination du bien commun aux intérêts privés, c'est-à-dire une soumission de la politique à l'ordre économique. La logique publicitaire des « usages du business » (*VP*, p. 325) inspire, ou pour mieux dire domine la politique : « les relations publiques ne sont qu'une variété de la publicité » (*MP*, p. 17). Cette technique publicitaire colonise la politique pour former « une sorte de la mentalité de la *raison d'État* » (*VP*, p. 325). Apparaît alors un « marché de l'opinion » où le pouvoir cherche à « « vendre » certaines opinions » comme une « marque de savon » (*MP*, p. 18). C'est ce qu'on appelle une « société de consommation » qui n'a plus d'une société que le nom dans la mesure où elle ne repose pas sur la volonté générale et ne vise pas le bien commun, mais obéit aux intérêts privés d'« une économie de marché » (*MP*, p. 17). « Le gouvernement » (*VP*, p. 324) retourne l'ancienne ruse politique dirigée contre « un adversaire étranger » (*VP*, p. 325) contre son propre peuple, à présent traité en « ennemi » de l'intérieur, « à l'échelon social ou national ». Pour le pouvoir économicopolitique du « monde libre » (*VP*, p. 324) lui-même, les citoyens sont autant de cibles, de « victimes possibles » (*VP*, p. 325). Les armes de cette guerre intestine sont les « images fabriquées pour la consommation domestique ».

Arendt postule pourtant dans le même temps non seulement la séparation du politique et de l'économique mais considère que le politique domine l'économie puisqu'elle affirme que le fait que les universités « soient entre des mains privées ou entre des mains publiques est de peu d'importance ». Leur « intégrité » dépend selon elle de « la bonne volonté du gouvernement » (*VP*, p. 332). C'est qu'elle distingue sans doute l'idée de la politique de sa réalité où règnent « le plaisir et le profit, l'esprit partisan et l'appétit de domination » (*VP*, p. 335).

Chez Musset l'économie elle aussi use de leurres pour déguiser l'intérêt personnel : ainsi le profit prend-il le masque de l'offrande religieuse. Le marchand ne manquerait jamais « les foires » (I, 2), à commencer par celle de Montolivet, « saint pèlerinage » où il déclare se rendre « par piété » alors que sa vraie raison de s'y rendre est qu'il « fait gagner les marchands plus que tous les autres jours de l'année. C'est plaisir de voir ces bonnes dames, sortant de la messe, manier, examiner toutes les étoffes ». La foi religieuse est ici l'agent secret de l'esprit commercial qui déguise marchands et chalands en fidèles. Le marchand fait oublier qu'il est marchand en faisant croire qu'il est croyant.

Dans ces conditions, on peut se demander si la personne qui manipule l'autre en lui faisait croire qu'il sert son intérêt, n'est pas elle-même manipulée par un désir incoercible qui s'impose à elle. Lorenzo déclare en ce sens à Philippe Strozzi : « Tu ne sauras jamais, à moins d'être fou, de quelle nature est la pensée qui m'a travaillé. Pour comprendre l'exaltation fiévreuse qui a enfanté en moi le Lorenzo qui te parle, il faudrait que mon cerveau et mes entrailles fussent à nu sous un scalpel » (III, 3). Celui qui se joue d'autrui n'est-il pas en dernière analyse le jouet de ressorts inconscients, en sorte que le manipulateur exerce moins librement un pouvoir qu'il ne subit l'influence souterraine d'une passion, symptôme de sa propre impuissance ? Le rêve d'omnipotence du manipulateur ne se fracasse-t-il pas contre la tyrannie du désir qui le manipule ?

Le générique de l'adaptation cinématographique des *Liaisons dangereuses* par Roger Vadim et Roger Vaillant parcourt un échiquier où s'affichent les noms des acteurs dans les cases blanches et noires, et finit sur un gros plan en plongée sur la reine Merteuil et le roi Valmont, menacés par un chevalier noir, et entourés de leurs sujets, au milieu desquels ressort le fou blanc. On peut y voir une option de lecture du roman comme une partie d'échec et, au-delà, une image de la réversibilité des rapports de force entre trompeurs et trompés. Lequel de la reine, du roi ou de son fou, est-il le fou de l'autre ?

Fiche 9

Faire accroire pour libérer

Dans son dialogue intitulé *Les lois*, Platon se demande si le « franc-parler [*parrhêsias*] » (649b), le fait de dire la vérité et l'incapacité à mentir sont par nature l'expression d'un esprit libre et vertueux, ou si la franchise ne peut pas être l'effet souterrain d'une passion, la parole libérée masquant une pensée sous influence, comme le montrent les propos désinhibés d'un homme pris de boisson, pour reprendre son propre exemple. Catherine, la tante de Lorenzo, est vouée malgré elle à dire la vérité, comme l'indique le terme « hélas » qui signifie que ce n'est pas par probité mais dans sa nature : « Hélas ! je ne puis te cacher la vérité » (IV, 5). La présidente de Tourvel est trop dominée par les sentiments pour aller au bout de son mensonge, et révèle malgré elle cette vérité que l'amour l'emporte sur la vertu : « Ici on a pourtant essayé de répondre. « Mon devoir ne me permettait pas… » Et la difficulté d'achever le mensonge que le devoir exigeait, n'a pas permis de finir la phrase » (Lettre 125). Arendt trouve chez Spinoza l'idée que l'« incapacité à cacher ses pensées » est un « défaut » que « ne partage pas le philosophe » (*VP*, p. 298). Autrement dit, mentir fait partie de l'art de penser. Philosophie, liberté de penser et de parler, et mensonge, c'est tout un. À l'inverse, la nécessité de dire la vérité sanctionne l'impuissance de l'esprit. Madame de Volanges représente cette inflexibilité morale qui confine à la rigidité mentale qui fait qu'elle échoue à cacher la mort de Valmont à la présidente de Tourvel qui est en train d'agoniser et que ce dernier coup achève : « j'espérais lui faire croire qu'elle s'était trompée, et je l'assurai d'abord qu'elle avait mal entendu : mais loin de se laisser persuader ainsi, elle exigea de son médecin qu'il recommençât ce cruel récit ; et sur ce que je voulus essayer encore de la dissuader, elle m'appela et me dit à voix basse : « Pourquoi vouloir me tromper ? n'était-il pas déjà mort pour moi ! » Il a donc fallu céder » (Lettre 165). Quelque amie qu'elle soit avec elle, sa droiture l'empêche de lui épargner une douleur insupportable.

Mentir c'est en effet pouvoir tourner le dos à ce qui est pour se livrer à ce qui n'est pas. Comme l'a montré Benveniste dans son article « Communication animale et langage humain » (*Problèmes de linguistique générale*, Gallimard, 2014, tome I), le langage humain, à la différence des communications animales qui sont assignées à l'échange de codes fixés une fois pour toutes, sait dire non seulement l'immense variété de ce qui est, mais encore et surtout l'infinie richesse de ce qui n'est pas : « la terre est bleue comme une orange », dit Éluard. Le langage se définit donc par la puissance de l'arbitraire, la possibilité de l'artifice, les sortilèges de l'imagination, en un mot les prodiges du mensonge. Arendt voit dans « notre capacité à mentir » la démonstration de « l'existence de la liberté » (*VP*, p. 319). Un cœur aussi pur et simple que celui de Danceny au début des *Liaisons dangereuses* – « le sot Danceny » (Lettre 54) – se montre néanmoins menteur « en disant qu'il était un peu malade » (Lettre 18) pour donner à la mère de Cécile une fausse raison de ne pas chanter avec cette dernière, afin de cacher qu'il est trop troublé par le fait qu'elle n'ait pas répondu à sa lettre de déclaration d'amour pour le faire. Comme le signale la note du rédacteur de la Lettre 65, Danceny ment encore quand il déclare à Cécile qu'elle est la première à qui il se confie : « Danceny n'accuse pas vrai[1]. Il

1. Accuser vrai : être exact dans son récit. Accuser faux : être inexact.

avait déjà fait sa confidence à M. de Valmont ». Cécile, toute innocente qu'elle soit, est capable de dissimulation et trompe sa mère pour ne pas avoir à chanter elle non plus : « je choisis exprès un air que je ne savais pas ; car j'étais bien sûre que je ne pourrais en chanter aucun, et on se serait aperçu de quelque chose » (Lettre 18). Madame de Volanges en vient elle-même à conseiller à madame de Tourvel « d'épier » (Lettre 9) Valmont, ce qu'elle fait en envoyant pour « espion » (Lettre 21) « un de ses gens prendre des informations » (Lettre 15) sur sa conduite et le « suivre », « sans être aperçu ». Elle tente ainsi de faire croire à Valmont qu'elle ne doute pas de sa conduite afin de le démasquer et de ne pas tomber sous son joug. Et Madame de Tourvel fait croire à madame de Volanges que l'un de ses « gens devait allait du même côté » (Lettre 22) que Valmont, alors que c'est elle qui l'a envoyé espionner ce dernier. D'où la note du « rédacteur » qui souligne la duplicité de cette femme apparemment naïve : « madame de Tourvel n'ose donc pas dire que c'était par son ordre » (Lettre 22, note 1).

La faculté « d'imaginer » (*MP*, p. 14) est cette « liberté mentale » qui ressortit de la condition humaine et qui fait que « nous sommes libres de changer le monde et d'y introduire de la nouveauté ». Refaire le monde, c'est s'en affranchir et pouvoir s'inventer un futur au lieu de subir la fatalité du destin. Le paradoxe est donc que c'est la « capacité de mentir » qui est la condition de la possibilité « d'agir ». Si Arendt condamne le mensonge politique comme un vice, elle innocente la capacité de mentir elle-même qu'il ne faut pas voir comme « quelque accident dû à l'humanité pêcheresse » (*MP*, p. 15) puisqu'elle appartient au contraire à son essence. Arendt dénonce l'application de la « théorie des jeux » (*MP*, p. 23) à la vie humaine, car elle la dénature en l'amputant de « la capacité d'action que possède l'homme » (*MP*, p. 22), comme si elle était enfermée entre un petit nombre prédéterminé de possibles prévisibles. Elle impute à Hegel l'origine philosophique de cette fausse représentation de l'existence humaine qui la prive de liberté. Elle cite Hegel parlant de « l'élimination de l'accidentel » (*MP*, p. 23) dans *La raison dans l'histoire*[1] (trad. Papaioannou, 10/18, 1979, p. 48). Se référant à la notion de « catharsis » (*VP*, p. 334) tirée de *La poétique* d'Aristote, Arendt soulève la fonction libératrice de la fiction. Sans la « transfiguration poétique des états d'âme », l'homme reste possédé par ses passions. C'est l'action de l'imagination qui permet « la transfiguration de la douleur en lamentation » : de l'une à l'autre il y a la distance infinie entre le fait muet et subi et le fait raconté et ressaisi, entre le vécu dans son absurdité immédiate et le vécu repris dans un récit et orienté par une signification. Pour Arendt, cette liberté est toutefois « dénaturée par le mensonge » (*VP*, p. 319).

La duplicité de Lorenzo vise à servir le peuple florentin en le libérant du joug du duc en l'assassinant : « Si l'on vous a dit que j'étais un soldat, c'est une erreur ; je suis un pauvre amant de la science » (I, 4). C'est un meurtrier en puissance qui parle ! Il est nécessaire d'utiliser la ruse pour combattre un régime politique qui emploie la ruse. C'est la leçon de la seconde guerre mondiale qui a montré que les ennemis de la démocratie imposent les armes avec lesquelles on doit les combattre. Le dénouement victorieux pour les alliés du débarquement de Normandie a reposé sur tout un ensemble de ruses (chars en caoutchouc, faux messages radios, poupées larguées en parachute), selon la devise de Churchill selon laquelle « en temps de guerre, la vérité est si précieuse qu'elle doit toujours être protégée par un rempart de mensonges ». La « guerre de propagande entre images adverses » (*VP*, p. 326) confirme la fonction libératrice

1. Ce n'est pas le lieu ici d'examiner la fidélité de la compréhension qu'Arendt a de Hegel. Indiquons toutefois que l'élimination de la contingence n'est pas pensée par Hegel comme l'affirmation d'une nécessité naturelle, mécanique et aveugle, mais d'une nécessité de la liberté elle-même.

de l'image trompeuse. Si Lorenzo endosse frauduleusement le surnom moqueur dont on l'affuble à la cour, c'est que ce faux nom est l'arme secrète du complot pour libérer le peuple de « la tyrannie » (II, 5) qui déguise sa bravoure en lâcheté, comme l'exprime le dédain de Giomo, confiant malgré la disparition inexplicable de la cotte de mailles du duc : « Bah ! Un Lorenzaccio ! La cotte est sous quelque fauteuil » (II, 7). Il ne croit plus que Lorenzo l'a jetée au fond du puits alors qu'elle n'est plus nulle part dans la chambre qui « n'est pas si grande » (II, 7). Philippe espère que Lorenzo a pris « dans un but sublime, une route hideuse », c'est-à-dire qu'il a fait de la trahison un moyen honteux de servir au « bonheur de l'humanité » (III, 3).

Sitôt que la politique établit la sécurité comme sa fin ultime, il est logique qu'elle « supprime une vérité qui sape la paix » (*VP*, p. 376, note 3). Arendt explique alors que « le mensonge peut fort bien servir à établir ou à sauvegarder les conditions de la recherche de la vérité » (*VP*, p. 291), la vérité étant la vérité politique, à savoir la sécurité. Si l'on considère, avec Hobbes que cite Arendt, que la sécurité est la condition de la liberté, le mensonge peut être un moyen de la défendre.

Mais ne retrouve-t-on pas cette solidarité paradoxale de la tromperie et de la liberté à l'époque moderne, si « dans des conditions pleinement démocratiques la tromperie sans tromperie de soi est presque impossible » (*VP*, p. 326) ? Un peuple qui se leurre lui-même n'est-il pas en somme responsable de son aliénation ? Se faire librement croire qu'on est libre n'est-ce pas l'être en quelque sorte ?

Si à première vue Cécile semble la victime de Merteuil, on peut se demander si une lecture moins immédiate ne permet pas de déceler une complicité féminine lorsque cette dernière la met en garde, sous couvert de l'en informer, contre les « devoirs des femmes envers leurs maris » (Lettre 39). La leçon porte puisque Cécile confie à son amie Sophie : « il n'y a que l'idée de mon mariage qui me fasse de la peine » (Lettre 55). La mère de Cécile a prévu de la marier avec le comte de Gercourt qui « est vieux » (Lettre 39) et elle croit Merteuil sur parole quand celle-ci lui dit qu'il existe « entre sa fille et Danceny une liaison dangereuse » (Lettre 63). Quel danger peut-il bien y avoir dans un couple de jeunes amoureux ? Elle se désolera à la fin que sa fille ne puisse « être heureuse qu'au couvent » (Lettre 170) alors qu'elle a négligé son bonheur au nom de « ce mariage si avantageux ». Le devoir conjugal soumet la vie individuelle des femmes à la loi de l'intérêt économique. Dès le départ se noue entre Merteuil et Cécile, sous la manipulation de celle-ci par celle-là, une solidarité de femmes : « madame de Volanges marie sa fille : c'est encore un secret ; mais elle m'en a fait part hier. Et qui croyez-vous qu'elle ait choisi pour gendre ? Le comte de Gercourt » (Lettre 2). Avant l'intervention de Merteuil, Cécile est vouée à cette croix : recevoir un mari vieux qu'elle n'a pas choisi ou retourner au couvent pour y être « cloîtrée pour toute [sa] vie » (Lettre 105). Elle finit d'ailleurs par retourner au couvent pour « se faire religieuse » (Lettre 170) et y finir sa vie, seul moyen pour elle d'échapper au mariage avec le comte de Gercourt. Madame de Volanges exprime elle-même à sa façon l'unité de la cause des femmes lorsqu'elle confie à madame de Rosemonde son inquiétude de voir sa fille rentrer au couvent : « il me semble que nous avons déjà bien assez de devoirs à remplir, sans nous en créer de nouveaux » (Lettre 170). Si elle opte ainsi pour le devoir conjugal contre le joug religieux, le « nous » qu'elle emploie désigne bien la condition féminine qu'elle partage avec sa correspondante et sa fille. Tout en abusant de sa crédulité, Valmont ne contribue-t-il pas à sa façon à affranchir Cécile de « la persécution qu'une mère trop cruelle » (Lettre 73) lui inflige ? Certes, cette promesse faite par Valmont à Cécile Volanges recèle une duplicité. Mais quand Merteuil dénonce à Valmont le « zèle amer de Madame de Volanges » (Lettre 74), c'est une parole de vérité puisqu'il n'y a entre eux, à ce sujet, nul besoin de mensonge et qu'ils parlent au contraire librement. De fait, Cécile « a grand peur de sa maman » (Lettre 89). Il est trop tard lorsque Madame de Volanges se repent d'avoir voulu « faire un choix pour ma fille » (Lettre 98) et dénonce « ces mariages qu'on calcule, au lieu de les assortir », rattrapée par « ce sentiment si naturel qui nous fait vouloir le bonheur de notre enfant ». Cécile est à la fois manipulée par Valmont et libérée de la cellule familiale par lui, comme l'exprime bien l'incipit de sa lettre à Sophie : « Je t'assure que c'est un homme bien extraordinaire. Maman en dit beaucoup de mal » (Lettre 75). Par la grâce de la péripétie romanesque voulue par Laclos, le mari de Merteuil, dont elle avait obtenu la plus « aveugle confiance » (Lettre 81), tombe malade et meurt tôt, la libérant du joug conjugal : « quoique à tout prendre, je n'eusse pas à me plaindre de lui, je n'en sentis pas moins vivement le prix de la liberté qu'allait me donner mon veuvage, et je me promis bien d'en profiter ». Et Merteuil explique pourquoi elle ne s'est « jamais remariée » (Lettre 152) : « ce n'est même pas que j'aie craint de ne plus pouvoir faire mes volontés, car j'aurais bien toujours fini par là ; mais c'est qu'il m'aurait gêné que quelqu'un eût eu seulement le droit de s'en plaindre ; c'est qu'enfin je ne voulais tromper que pour mon plaisir, et non par nécessité ».

De même, madame de Tourvel ne fait-elle que subir les stratagèmes dirigés contre elle par Valmont ? Les mensonges de ce dernier ne lui offrent-ils pas le prétexte et l'occasion de soulever le joug auquel la condamne sa condition de femme ? Cette déclaration qu'elle fait à Valmont n'est-elle pas à la fois un peu trop lisse et sourdement contradictoire pour être vraie : « chérie et estimée d'un mari que j'aime et respecte, mes devoirs et mes plaisirs se rassemblent dans le même objet. Je suis heureuse, et je dois l'être. S'il existe des plaisirs plus vifs, je ne les désire pas ; je ne veux point les connaître » (Lettre 56) ? Dès lors qu'elle est parfaitement lucide sur le jeu de Valmont, peut-elle y succomber sans y mettre du sien ? Le portrait qu'elle en dresse est en effet on ne peut plus véridique : « abusant de ma bonne foi, de ma sécurité [...] dans cette folle ivresse, comptant pour rien les malheurs et la honte, vous ne cherchez que des plaisirs et des victimes [...] vous oubliez vos promesses, ou plutôt vous vous faites un jeu de les violer » (Lettre 78). Or, la seule raison qu'elle oppose aux avances d'un tel scélérat est de l'ordre de la contrainte sociale et non pas de l'intime conviction : « je n'oublierai jamais ce que je me dois, ce que je dois à des nœuds que j'ai formés ». Du reste, elle choisit à la fin, non de retrouver son mari mais de retourner au couvent, en dépit de « sa qualité de femme mariée » (Lettre 147).

Les leurres conjugués de Merteuil et de Valmont conspirent à la libération sexuelle des femmes en brisant les chaînes du devoir conjugal. La vicomtesse, l'une des maîtresses de Valmont, se joue et de son mari et de Vressac, son amant du moment, pour rejoindre Valmont dans sa chambre. L'aplomb et l'inventivité avec lesquels elle trompe l'un comme l'autre provoquent l'admiration de Valmont, expert en la matière, s'il en fut jamais : « ce fut alors que la vicomtesse devint sublime » (Lettre 71). Elle réussit à d'abord congédier le mari et l'amant sous le prétexte que ce dernier était trop fatigué de la chasse pour passer la nuit avec elle. Lorsqu'elle doit retourner « au point du jour » incognito dans sa chambre, la porte de celle-ci est fermée de l'intérieur et elle risque d'être découverte. Valmont enfonce alors la porte et pour couvrir le bruit elle crie « au voleur, à l'assassin », en déclarant devant le mari et l'amant qu'« il y avait un voleur dans son appartement ». Comme on ne met la main sur aucun voleur, Valmont suggère qu'un « rat » a dû effrayer la vicomtesse. C'est alors que Vressac lance à la vicomtesse que si sa nuit avait été interrompue, « c'était une vengeance de l'amour », à quoi elle lui répond par un discours à double sens digne de

Valmont lui-même : « à quoi elle répondit en me regardant : « Il était donc bien en colère, car il s'est beaucoup vengé ; mais, ajouta-t-elle, je suis rendue de fatigue, et je veux dormir » ».

Si à la fin des *Liaisons dangereuses* la morale est sauve, faut-il pour autant la prendre pour argent comptant ? N'est-elle pas l'expression d'une convention et d'une prudence comparables à la damnation finale de Dom Juan chez Molière, « comme une divinité d'opéra qui vient faire un dénouement » (Lettre 76), ainsi que le suggère en toutes lettres Valmont ? La question se pose pour de bon dans la mesure où dans cette lettre, madame de Tourvel développe une opposition entre les dangers de la vie libertine et la tranquillité de la paix maritale qui ne tourne pas nécessairement à l'avantage de cette dernière : d'un côté « un orage des passions », des « tempêtes » : « comment oser s'embarquer sur une mer couverte des débris de mille et mille naufrages » (Lettre 56) ? De l'autre, la satisfaction « d'être en paix avec soi-même, de n'avoir que des jours sereins, de s'endormir sans trouble et de s'éveiller sans remords ». N'est-ce pas ce calme plat qui la pousse dans le lit de Valmont ? L'effet des mensonges de Merteuil et de Valmont est à tout le moins de rendre criante cette antinomie de la sécurité et de la liberté.

Ce qui est certain, c'est que l'inégalité entre les hommes et les femmes est un thème constant des *Liaisons dangereuses* : ce n'est pas un hasard si c'est la tante de Valmont, riche d'une longue expérience du fait de son grand âge, qui explique à la jeune madame de Tourvel que le droit à l'inconstance, que la société reconnaît aux hommes, est réservé « pour notre sexe » (Lettre 130) aux « femmes dépravées qui en sont la honte ». La référence à Ninon de Lenclos, à travers l'anecdote du « billet de la Châtre » (Lettre 59. Voir notre fiche 3), n'est donc pas innocente de la part de Laclos. Qui était Ninon de Lenclos ? Voilà le portrait qu'en fait Duclos dans *Confessions du comte de* ***(*Œuvres complètes*, Paris, 1820-1821, tome II, p. 181-182) : « La célèbre

Ninon de Lenclos, amante légère, amie solide, honnête homme et philosophe, se plaignait de la bizarrerie et de l'injustice du préjugé à cet égard. J'ai réfléchi, disait-elle, dès mon enfance sur le partage inégal des qualités qu'on exige dans les hommes et dans les femmes. Je vis qu'on nous avait chargées de ce qu'il y a de plus frivole, et que les hommes s'étaient réservé le droit aux qualités essentielles ; dès ce moment je me fis homme. Elle le fit, conclut Duclos, et elle fit bien ». Pour mesurer l'audace avant-gardiste du parti pris de Laclos citant Ninon de Lenclos en laquelle on peut voir une sorte de Merteuil historique, on peut rappeler qu'au livre V de *L'Émile*, ouvrage que Laclos cite (Lettre 58), Rousseau se moque encore, vingt ans avant lui, de Ninon de Lenclos en ces termes méprisants : « je n'aurais pas plus voulu de cet homme-là pour mon ami que pour ma maîtresse ». Le personnage de Merteuil endosse clairement ce que Rousseau fustige comme « les maximes de la philosophie moderne ». On voit cette inégalité criante dans *Les Liaisons dangereuses* par exemple dans cette remarque de Danceny qui dit que le respect de la réputation « est bien plus important pour mademoiselle de Volanges que pour moi » (Lettre 64), ou, mieux encore dans « l'histoire de Prévan » et des trois « inséparables » (Lettre 79) : les hommes continuent leur existence ordinaire cependant que les trois femmes sont « exilées » ou « au couvent ». On comprend donc que Valmont pense devoir mettre en garde Merteuil elle-même contre la perfidie de Prévan qui menace de nuire à sa réputation : « des moyens de déshonorer une femme, j'en ai trouvé cent, j'en ai trouvé mille : mais quand je me suis occupé de chercher comment elle pourrait s'en sauver, je n'en ai jamais vu la possibilité. Vous-même, ma belle amie, dont la conduite est un chef-d'œuvre, cent fois j'ai cru vous voir plus de bonheur que de bien joué » (Lettre 76). Cela veut dire que Merteuil doit jusqu'ici la sauvegarde de son image publique moins à la finesse de sa conduite qu'à la chance. Remarquons toutefois que Valmont est lui aussi exposé aux dangers de la rumeur et qu'entre lui et Merteuil règne une dissuasion réciproque qui les conduit à se « ménager mutuellement » (Lettre 153). C'est faute de s'en tenir à ce traité de non-agression qu'ils perdront leur réputation ensemble.

Il reste que c'est Merteuil qui mène le jeu tout au long des *Liaisons dangereuses*, et Laclos se plaît à souligner son ascendant sur Valmont lui-même. Notons d'abord qu'elle est « marquise » quand il n'est que « vicomte », ce qui suppose une hiérarchie en sa faveur dans l'ordre des titres de noblesse. La marquise de Merteuil incarne une authentique dialectique de la supériorité sociale et de l'infériorité sexuelle qui se vérifie au niveau de sa nécessaire maîtrise du mensonge : « Que vos craintes me causent de pitié ! Combien elles me prouvent ma supériorité sur vous ! et vous voulez m'enseigner, me conduire ? Ah ! mon pauvre Valmont, quelle distance il y a encore de vous à moi ! » (Lettre 81). Prévan en sera dans un premier temps pour ses frais, comme le reconnaîtra Valmont – « pour cette fois, vous avez surpassé mon attente » (Lettre 96) –, le « scandale » (Lettre 87) s'abattant sur lui qui passe de surcroît un mois « en prison », et non sur Merteuil qui s'ingénie à « donner du cours et de la célébrité à cette nouvelle » (Lettre 85). Valmont apprend même à Merteuil que « Prévan, au bout de son mois de prison, a été obligé de quitter son corps » (Lettre 125) d'armée : « votre succès est complet ! », reconnaît-il. En réalité, Prévan sera réhabilité, rétabli dans « son emploi et son rang » (Lettre 173), et Merteuil livrée à la vindicte publique.

Pour l'heure, sûre de son triomphe, Merteuil ajoute, réduisant la prétendue supériorité masculine à une chimère : « Non, tout l'orgueil de votre sexe ne suffirait pas pour remplir l'intervalle qui nous sépare » (Lettre 81). Merteuil cesse alors de s'adresser à Valmont qu'elle vouvoie, et se met à tutoyer le sexe masculin, affirmant par là son surplomb sur lui : « Parce que vous ne pourriez exécuter mes projets, vous les jugez impossibles ! Être orgueilleux et faible, il te sied bien de vouloir calculer mes moyens et juger de mes ressources ! […] qu'avez-vous donc fait, que je n'aie surpassé mille fois ? […] Quant à la prudence, à la finesse, je ne parle pas de moi : mais quelle femme n'en aurait pas plus que vous ? ». La suite de cette Lettre 81 de Merteuil à Valmont, véritable profession de foi féministe, mérite d'être citée :

> « Croyez-moi, vicomte, on acquiert rarement les qualités dont on peut se passer. Combattant sans risque, vous devez agir sans précaution. En effet, pour vous autres hommes, les défaites ne sont que des succès de moins. Dans cette partie si inégale, notre fortune est de ne pas perdre, et votre malheur de ne pas gagner. Quand je vous accorderais autant de talents qu'à nous, de combien encore ne devrions-nous pas vous surpasser, par la nécessité où nous sommes d'en faire un continuel usage ? […] Si cependant vous m'avez vue, disposant des événements et des opinions, faire de ces hommes si redoutables les jouets de mes caprices ou de mes fantaisies ; ôter aux uns la volonté de me nuire, aux autres la puissance de me nuire ; si j'ai su tour à tour, et suivant mes goûts mobiles, attacher à ma suite ou rejeter loin de moi
>
> *Ces tyrans détrônés devenus mes esclaves* ;
>
> si, au milieu de ces révolutions fréquentes, ma réputation s'est pourtant conservée pure, n'avez-vous pas dû en conclure que, née pour venger mon sexe et maîtriser le vôtre, j'avais su me créer des moyens inconnus jusqu'à moi ? »

Dans la version initiale du mauvais vers poétique que le « rédacteur » attribue à Merteuil, Laclos avait employé le mot

« sultans » à la place de celui de « tyrans » (*Les Liaisons dangereuses*, manuscrit autographe, 1782, BNF, p. 99). Ce terme emprunté à l'imaginaire du harem opère une révolution au terme de laquelle les rôles entre l'homme et la femme sont inversés. Merteuil se présentait déjà dans la Lettre 10 « comme un sultan au milieu de son sérail ». Il est pour elle exclu qu'« élevée au-dessus des autres femmes » (Lettre 81), elle « consente à ramper comme elles », et plus encore qu'elle « puisse redouter un homme ».

> « Je puis dire, poursuit Merteuil, que je suis mon ouvrage. Entrée dans le monde dans le temps où, fille encore, j'étais vouée par état au silence et à l'inaction, j'ai su en profiter pour observer et réfléchir. Tandis qu'on me croyait étourdie ou distraite, écoutant peu à la vérité les discours qu'on s'empressait de me tenir, je recueillais avec soin ceux qu'on cherchait à me cacher. Cette utile curiosité, en servant à m'instruire, m'apprit encore à dissimuler ».

Tel est le comble, que les filets du mensonge puissent être l'instrument déguisé de l'égalité, et l'agent secret de la liberté.

Fiche 10

Politique de la croyance et morale de la vérité

Kant rappelle dans son *Anthropologie du point de vue pragmatique* (§ 39) la longue tradition de l'utilisation politique de la croyance comme instrument de pouvoir, notamment le rôle des « augures » pendant l'Antiquité, « une superstition sanctifiée par l'État pour guider le peuple ». Le politique fait croire au peuple ce qui sert ses intérêts. Le serment final que prononce publiquement Côme de Médicis s'arme de la « crainte de Dieu » : « Je le jure à Dieu » (V, 8). La facilité avec laquelle le père Anselme met le pouvoir de son « saint ministère » (Lettre 123) et de « la religion sainte » au service de Valmont exhibe la complicité de la noblesse et du clergé que la Révolution va bientôt dénoncer. Valmont souligne « avec quel zèle le saint personnage s'est employé » (Lettre 125) à servir ses intérêts. Si le mariage est si maltraité dans *Les Liaisons dangereuses*, c'est qu'il conjugue la force politique du droit et la puissance spirituelle du clergé, comme le rappelle madame de Tourvel dans le paragraphe de sa dernière lettre qui s'adresse à son mari, où elle compte sur Dieu pour la punir de son infidélité : « le ciel a pris ta cause ; il te venge d'une injure que tu as ignorée. C'est lui qui a lié ma langue et retenu mes paroles ; il a craint que tu ne me remisses une faute qu'il voulait punir. Il m'a soustraite à ton indulgence, qui aurait blessé sa justice » (Lettre 161). Si elle a trompé son mari, dans les deux sens du terme, elle n'échappe pas à la sanction divine. Au début des opérations américaines au Vietnam, l'administration Kennedy n'hésita pas à financer « les services d'astrologues vietnamien » (*MP*, p. 36. Pour la référence note 1), comme on le découvre dans les *Pentagon papers*, dans l'idée d'influer sur les mentalités des Vietnamiens. Arendt note qu'« aucune des grandes religions n'a inclus le mensonge en tant que tel, à la différence du faux témoignage, dans son catalogue des péchés mortels » (*VP*, 296). Rien d'étonnant à ce que l'alliance du théologique et du politique ait engendré et couvert tant de mensonges au cours de l'histoire. À cet égard, la propagande politique représente une sorte religion moderne visant, à travers « la manipulation sur l'esprit des hommes », à « dominer réellement le monde » (*MP*, p. 31). Ce que les vitraux faisaient sur l'esprit d'un peuple médiéval analphabète, les communiqués gouvernementaux actuels le font sur les populations. D'où « l'impression et la diffusion de tracts » (*MP*, p. 35). On le voit, les faits ne sont « pas en sécurité dans les mains du pouvoir » (*VP*, p. 329).

Laclos publie *Les Liaisons dangereuses* en 1782, à l'heure où la monarchie française vit ses derniers moments. Dans la scène où Valmont paie « noblement » (Lettre 21) la dette fiscale d'une famille pauvre, c'est à la fois la réalité de la misère sociale générale et le mépris de l'aristocratie pour le tiers état qui s'expriment. Les « pavés » dont la marquise Cibo menace le duc Alexandre de Médicis, dans le drame de Musset publié en 1834, évoquent directement la révolution de juillet 1830 : « Mais enfin, on t'assassinera. – Les pavés sortiront de terre et t'écraseront » (III, 6). Enfin, les réflexions d'Arendt portent directement sur des réalités politiques ; qu'elles soient historiques (la guerre 1914, le nazisme, le stalinisme) – « la nuit du 4 août 1914, les troupes allemandes franchirent la frontière belge » (*VP*, p. 304) ; ou encore ce propos mensonger d'Adenauer tiré de ses *Mémoires* :

« la barbarie du national-socialisme avait affecté seulement un pourcentage relativement faible du pays » (p. 321) –, ou actuelles (la guerre du Vietnam) – la décision américaine de « bombarder le Vietnam du Nord » en 1965 (*MP*, p. 40).

Choderlos de Laclos ne se contente pas d'écrire une fiction libertine, mais produit un roman qui se déroule à « la cour de France » (Lettre 152) et qui anticipe l'émeute révolutionnaire à venir. Citons la scène où Valmont paye pour de « pauvres gens » la « taille » (Lettre 21) royale, cet impôt dont le clergé et la noblesse étaient dispensés et qui incarne à l'époque où Laclos écrit l'emblème de l'injustice fiscale de l'Ancien Régime : « on devait saisir aujourd'hui dans la matinée, les meubles d'une famille entière qui ne pouvait payer la taille ». Une gravure anonyme de 1789 (Paris, Musée Carnavalet) montre *Le tiers état écrasé* par la taille sur laquelle se tiennent débout un noble et un homme d'église. Loin d'être anecdotique, cette scène révèle l'état de misère générale qui règne alors, comme l'indique Valmont qui ajoute que « trouver quelque malheureux, dans les environs, qui eût besoin de secours. Cette commission n'était pas difficile à remplir ». Or, « un mois exactement après la *Déclaration des droits de l'homme et du citoyen*, l'Assemblée nationale constituante faisait passer dans la pratique les principes d'égalité fiscale [...] quinze jours après l'abolition des privilèges, entre autres pécuniaires, réalisée le 4 août [...] Satisfaisant la première revendication des cahiers de doléances », la noblesse et le clergé étaient « désormais taillables dans les mêmes formes que tout le monde »[1]. L'inégalité et l'exaspération se devinent aisément dans ces mots plein de morgue aristocratique que prononce Valmont : « je fais venir le collecteur[2], et, cédant à ma généreuse compassion, je paie noblement cinquante-six

1. M. Touzery, « La dernière taille », *Histoire & Mesure*, 1997, vol. 12, n° 1-2, Varia, p. 94.

2. Les collecteurs étaient chargés de percevoir la taille.

livres, pour lesquelles on réduisait cinq personnes à la paille et au désespoir » (Lettre 21). Valmont traite son valet Roux Azolan d'« imbécile » (Lettre 101) tandis que celui-ci l'appelle « Monsieur » (Lettre 107). Lorsque la présidente de Tourvel décide sans prévenir de quitter le château, Julie, sa femme de chambre, passe « toute la nuit à ranger, et [...] la pauvre fille n'a pas dormi deux heures », comme nous l'apprend Azolan de l'échange qu'il a eu avec elle, confidence entre serviteurs. Lui-même a dû « partir à trois heures du matin » sur ordre de Valmont. Il n'est pas difficile de mesurer le mélange de veulerie et de domination qui motive ce paragraphe qui clôt cette lettre du valet à son maître : « quant à ce que monsieur me reproche d'être souvent sans argent, d'abord c'est que j'aime à me tenir proprement, comme monsieur peut voir ; et puis qu'il faut bien soutenir l'honneur de l'habit qu'on porte : je sais bien que je devrais peut-être un peu épargner pour la suite ; mais je me confie entièrement dans la générosité de monsieur, qui est si bon maître ». L'insincérité se devine dans ce mot d'apparente soumission que rapporte Roux Azolan à Valmont, en même temps que lève une solidarité sociale de classe et un germe de révolte : madame de Tourvel « n'a pas voulu s'arrêter à ***, comme elle avait fait en allant ; ce qui n'a pas fait trop de plaisir à mademoiselle Julie, qui n'avait pas déjeuné. Mais, comme je lui ai dit, les maîtres sont les maîtres ». La métaphore qu'emploie Merteuil à propos de la « pauvre présidente » (Lettre 113) avide du moindre détail sur la vie de Valmont, reste chargée de son sens littéral : « Ces misères-là prennent du prix, en raison des privations qu'on éprouve. Ce sont les miettes de pain tombantes de la table du riche : celui-ci les dédaigne ; mais le pauvre les recueille avidement et s'en nourrit ».

Aussi, ce mot de Gresset tiré de sa comédie intitulée *Le Méchant*, que cite Merteuil, a-t-il le sens d'une provocation politique manifeste et d'un appel au soulèvement : « les sots sont ici-bas pour nos menus plaisirs » (Lettre 63). C'est dans cette même pièce de théâtre que l'on trouve la fameuse formule dont le sens politique est encore plus explicite puisqu'il met au jour l'aberration de la monarchie, le pouvoir d'un seul, au regard de la république qui est la chose (*res*) du peuple (*publica*) : « le jugement d'un seul n'est point la loi de tous » (acte IV, scène 4). Du reste cette comédie, inspirée du *Tartuffe* de Molière, raconte comment un complot est déjoué par un valet. Forte de son pouvoir aristocratique, Merteuil enrôle « quelques domestiques » (Lettre 63) dans ses complots, les traitant comme de simples moyens pour récolter « le fruit de [ses] travaux ». On le voit aussi dans la mésaventure de Prévan orchestrée par Merteuil : « j'ordonnai de plus à Victoire d'aller le matin de bonne heure bavarder dans le voisinage » (Lettre 85).

L'intention politique de Choderlos de Laclos se trahit d'emblée dans le prétendu « Avertissement de l'éditeur », prête-nom derrière lequel on n'a pas de mal à deviner la plume de l'auteur lui-même. En affirmant que les « mauvaises mœurs » libertines qui font le sujet des *Liaisons dangereuses* ne sauraient en aucun cas concerner son époque ni la société dans laquelle il vit, « l'éditeur » pratique l'ironie qui renverse une dénégation (ces aventures « n'ont pu arriver que dans d'autres lieux ou dans d'autres temps ») en affirmation insidieuse : le lecteur comprend qu'il s'agit d'un portrait au vitriol de la société actuelle. On ne saurait en effet prendre à la lettre cette belle déclaration, trop belle pour être vraie : « ce siècle de philosophie, où les lumières, répandues de toutes parts, ont rendu, comme chacun sait, tous les hommes si honnêtes et toutes les femmes si modestes et si réservées » (Avertissement de l'éditeur). L'incise « comme chacun sait » vient miner la dénégation : qui peut croire que les « lumières » de la philosophie ont assaini les mœurs ? D'ailleurs Valmont relate ce qu'il en est des mœurs lorsqu'il lève les scrupules du jeune Danceny en faisant valoir qu'il a « pour soi l'autorité de l'usage » (Lettre 57). En laissant grossièrement voir qu'il veut faire croire que ce qu'il raconte concerne le passé, Laclos fait comprendre au lecteur qu'il vise le présent. Laclos use et abuse des libertés de parole que l'alibi de la fiction autorise.

Laclos a bel et bien une visée sociale, comme il le dit sous le nom cette fois du « rédacteur » : « c'est rendre service aux mœurs, que de dévoiler les moyens qu'emploient ceux qui en ont de mauvaises pour corrompre ceux qui en ont de bonnes, et je crois que ces Lettres pourront concourir efficacement à ce but » (Préface du rédacteur). C'est au sens d'une fonction d'édification collective que doit se comprendre « l'utilité de l'ouvrage » (Préface du rédacteur). Baudelaire ne s'y est pas trompé, en soulignant le lien entre la littérature libertine du XVIIIe siècle et cet événement politique historique que sera la Révolution française. Il parle en ce sens dans un texte de 1856 sur *Les liaisons dangereuses* d'un « livre de sociabilité, terrible, mais sous le badin ». Et Baudelaire d'ajouter : « les livres libertins commentent donc et expliquent la Révolution ». Sous le roman immoral, on devine le pamphlet social. *Les Liaisons dangereuses*, roman prérévolutionnaire, date de 1782.

L'Ancien Régime se caractérise par l'unité de la noblesse et du clergé, du politique et de théologique ligués pour museler la misère sociale dont la Révolution française sera le cri. C'est la morale austère et conservatrice que madame de Rosemonde tire de « ces tristes événements » (Lettre 171) que relatent *Les Liaisons dangereuses* : « si on était éclairé sur son véritable bonheur, on ne le chercherait jamais hors des bornes prescrites par les lois et la religion ». Vœu pieux d'une société qui ne sait pas encore qu'elle est condamnée.

Ces propos que Victor Hugo met dans la bouche d'un philosophe des Lumières éclairent le contexte politique des *Liaisons dangereuses* : « il faut bien quelque chose à ceux qui sont en bas, aux va-nu-pieds, aux gagne-petit, aux misérables. On leur donne à gober les légendes, les chimères, l'âme, l'immortalité, le paradis, les étoiles. Ils mâchent cela. Ils le mettent sur leur pain sec. Qui n'a rien a le bon Dieu. C'est bien le moins [...] Le bon Dieu est bon pour le peuple » (*Les Misérables*, Ire Partie, livre I, chapitre 8).

Au niveau de l'histoire, l'auteur fait croire au triomphe de l'immoralité puisque Valmont et Merteuil parviennent à faire chuter la présidente de Tourvel, Cécile et sa mère, sans parler du désespoir de Danceny ou de Mme de Rosemonde. La mort de Valmont et la flétrissure morale de Merteuil « ne seraient qu'un *deus ex machina* qui sauve la face de l'auteur », selon l'analyse de Péter Nagy dans son essai *Libertinage et révolution* (II, chapitre 5).

Seulement l'intention profonde de Laclos dément cette lecture superficielle : comme l'explique Nagy, même défaite, la présidente de Tourvel demeure « pour l'auteur et pour le lecteur une figure magnifique, intègre, moralement victorieuse et physiquement vaincue ». Dans la lecture qu'il propose des *Liaisons dangereuses*, Péter Nagy montre la dualité de la signification du roman, sinon la duplicité de l'auteur : d'un côté « Laclos s'y révèle un moraliste sérieux et profond qui fait la critique de son temps et de sa société [...] Il a su refléter sur un plan éthique une image intrinsèquement vraie de la lutte qui se mène et se prépare sur le plan économique et politique. En donnant une peinture réaliste, sans fard, de cette société factice et apprêtée [...] Laclos fait plus qu'œuvre de moraliste, il accomplit un travail de révolutionnaire ».

Cependant, d'un autre côté, les subterfuges qu'emploie la marquise de Merteuil annoncent l'attitude politique accommodante de Laclos lui-même pendant la Révolution, acteur de la nouvelle situation mais aussi ami et confident du duc d'Orléans qu'il rêve de voir assurer la régence. Le duc d'Orléans incarne bien cette attitude équivoque qui espère conjuguer l'Ancien

Régime et la Révolution : député de la noblesse aux États généraux de 1789, élu à la Convention nationale en 1792, votant la mort de Louis XVI qui est son cousin, et finalement guillotiné en 1793. On peut donc voir dans *Les Liaisons dangereuses* à la fois « un jugement sans appel sur l'Ancien Régime et sur le libertinage devenu son dérisoire emblème », et un artifice littéraire opérant la « transformation d'une forme de révolte en jeu de société » (P. Nagy, *Libertinage et révolution*, II, chap. 5). Tout en faisant croire à un roman moral, Laclos parlerait en vérité pour « le triomphe de la vivacité et de la souplesse de l'ancien régime », conclut P. Nagy.

Arendt retrace l'histoire au cours de laquelle la question du mensonge est devenue un problème politique. C'est ce qu'elle appelle « la politique du mensonge », à propos notamment des « dissimulations » du gouvernement américain lors de la guerre du Vietnam (*MP*, p. 25). Dans le *Gorgias* de Platon que cite Arendt, la question de la vérité reste selon elle l'affaire privée des philosophes, l'agora étant le lieu des opinions : la vérité est l'objet philosophique du « dialogue » cependant que « la place publique » (*VP*, 301) ne connaît d'autre discours que la « rhétorique par laquelle le démagogue […] persuade la multitude » (*VP*, p. 297). Chez Platon on trouve cette idée, toujours selon Arendt[1], que « la vérité ne peut venir à la masse ni lui être communiquée » (*VP*, p. 299). Elle pose à partir de là la question du mensonge sur le terrain de la politique. C'est seulement à partir du XVIIIe siècle, « à l'époque des Lumières » (*VP*, p. 297), avec Kant notamment, que la vérité devient un problème collectif,

1. Là encore on pourrait objecter d'abord que pour Platon la vérité n'est pas communiquée ni reçue puisqu'elle se trouve en l'âme, et que rechercher la vérité, c'est la retrouver en soi ; ensuite, que ce n'est pas Ménon mais son esclave, qui n'est même pas citoyen, qui retrouve la vérité qu'il avait lui aussi en lui, c'est-à-dire que la vérité n'est pas réservée aux philosophes mais constitue le bien commun oublié, mais universel ; et enfin que dans *La République* Socrate corrige Glaucon qui ne parle que de philosophes rois : il y a autant de reines philosophes que de rois. Or à l'époque de Platon, ni les femmes ni les esclaves ne sont citoyens. De ces bas-fonds politiques de la masse, il fait des philosophes de plein droit.

indissociable d'un espace public de communication. Arendt cite l'opuscule de Kant intitulé *Qu'est-ce que s'orienter dans la pensée ?* dans lequel il établit la dépendance de la liberté de penser eu égard au principe de la « publicité » de la pensée, au sens d'espace public que la publication des pensées via les livres réalise. Désormais, la vérité est une chose publique, soumise au « contrôle » (*VP*, p. 299) de la communauté. Pour Arendt, le passage « de l'homme au singulier aux hommes au pluriel », cette métamorphose de la vérité en chose collective lui fait quitter la certitude du raisonnement individuel pour l'exposer aux flottements de la multitude. L'opinion doit être comprise au pluriel. La « force de l'opinion » n'est pas fondée sur la vérité mais dépend de « la question du nombre ». Or le « nombre » ne signifie pas la totalité mais la pluralité, ce qui ouvre la voie aux contestations, aux démentis, à d'autres opinions. L'opinion publique n'est pas la simple « diversité des vues », mais l'unité partiale et partielle d'une vue partagée relevant néanmoins « du domaine de la multitude » (*VP*, 302).

Arendt exclut comme « peu vraisemblable » une communauté d'esprits rationnels, « une nation de philosophes » (*VP*, p. 299). Entre l'opinion partagée par un grand nombre et la vérité individuelle, on peut toutefois mentionner la vérité scientifique qui n'est pas la découverte d'un individu ni une simple opinion collective, mais le savoir reconnu par la cité des savants. La vérité scientifique elle-même relève d'une logique de la communication et du contrôle des connaissances par la communauté scientifique. Comme l'explique Bachelard dans *La formation de l'esprit scientifique* (Vrin, chapitre 12, §1), « toute doctrine de l'objectivité en vient toujours à soumettre la connaissance de l'objet au contrôle d'autrui ». Cette validation par autrui doit être comprise, précise Bachelard, comme un « contrôle social » et non pas comme le contrôle d'un individu par autre individu. Arendt écrit en ce sens que « les chances pour la vérité de prévaloir en public sont elles-mêmes […] hautement favorisées […] par l'organisation d'hommes de science indépendants, en principe désintéressés » (*VP*, p. 332). La dépendance de la conscience individuelle à la « conscience commune », comme l'explique Bachelard dans *Le Rationalisme appliqué* (PUF, chapitre 3, § 8) signifie que la pensée vraie n'est pas un *cogito* (je pense) mais un *cogitamus* (nous pensons) selon son mot. Arendt propose d'élargir ce principe social de la vérité de la science à la politique en y introduisant cette « mentalité élargie » (*VP*, p. 307) que Kant nomme le « sens commun » dans la *Critique de la faculté de juger* (§ 40) auquel Arendt fait référence. Cela répond au problème du statut politique de la vérité qui est indiscutable par nature, « alors que la discussion constitue l'essence même de la vie politique » (*VP*, p. 307). Comment conjuguer la tyrannie du vrai avec l'exigence démocratique de débat, sans museler les citoyens ni livrer la vérité à l'arbitraire ? Arendt propose comme antidote à la démagogie, cette manipulation politique du peuple qui joue avec la vérité des faits, un travail par lequel le sujet individuel s'affranchit de la partialité d'« une perspective » (*VP*, p. 307) particulière, se libère « de ses intérêts particuliers » (*VP*, p. 308) et devient capable de représenter « différents points de vue » (*VP*, p. 307). C'est en ce sens que « la pensée politique est représentative » : c'est une pensée qui ne reste pas close sur sa subjectivité mais qui en représente d'autres. Cette représentativité de la pensée la prémunit des ornières de la subjectivité pour l'ouvrir à l'intersubjectivité en tant qu'espace public d'objectivité. Pour atteindre à cette objectivité de l'intersubjectivité il ne suffit pas de défendre les « intérêts du groupe auquel j'appartiens » (*VP*, p. 308). L'espace public de l'opinion vraie n'est ni au niveau de la pensée individuelle ni de la « partialité de groupe » (*VP*, p. 317), mais de « ce monde d'universelle interdépendance » (*VP*, p. 308). C'est parce qu'elle est partagée par d'autres qu'une vérité gagne en crédit. L'intersubjectivité fonctionne comme agent d'objectivité. C'est seulement lorsqu'il découvre la proclamation des Huit qui met à prix la tête de Lorenzo que Philippe finit par croire qu'il a bel et bien tué Alexandre : « Eh bien, Philippe, vous ne vouliez pas croire tout à l'heure que j'avais tué Alexandre ? Vous voyez bien que je l'ai tué » (V, 2).

Il est vrai que la communauté scientifique elle-même n'est pas exempte d'illusions. Une science n'est pas la pure et simple archive du vrai certifié par la communauté des savants, mais suppose un code de conduite, des normes de raisonnement, un cadre théorique, bref tout un « ordre du discours », comme dit Foucault, qui fonctionne à la fois comme principe de validation de ce qui est scientifique et comme principe d'exclusion de tout ce qui ne se plie pas à ce code et à ces normes. Ainsi, le trait héréditaire est conçu par Mendel en 1866 comme un objet si nouveau qu'il n'entre pas dans l'ordre du discours biologique de son époque. La biologie de l'époque n'est pas encore capable de penser en termes de population. La nouveauté des lois de Mendel paraît monstrueuse au regard de la science établie. À l'inverse, Schleiden, niant à tort la sexualité des végétaux, se conformait à une croyance scientifique de l'époque, produisant ce qu'il faut bien appeler avec Foucault « une erreur disciplinée ». Mendel, lui, était « un monstre vrai ». Le cas de Mendel montre que la communauté des savants n'est pas la cité du vrai, mais un espace social et politique de contrôle des savoirs, avec ses limites et ses aveuglements. Comme le dit Foucault dans *L'ordre du discours*, « Mendel disait vrai mais il n'était pas « dans le vrai » du discours biologique de son époque ».

Un complot est un secret partagé entre complices : il divise comme deux camps hétérogènes ceux qui connaissent le secret et ceux qui l'ignorent, les prédateurs et leurs proies. C'est ce qui lie les personnes qui sont dans le secret et qui les assimile à une société d'initiés qui gardent le secret et ne se dénoncent pas entre eux. Une note du « rédacteur » des *Liaisons dangereuses* le dit à propos du lien secret entre Merteuil et Valmont que madame de Volanges n'imagine pas : « ainsi que les autres scélérats, Valmont ne décelait[1] pas ses complices » (Lettre 9, note 1). De même, Merteuil confie à Valmont son « excellente idée » (Lettre 2) de vengeance qui, pour se réaliser, devra rester secrète. Elle lui déclare : « je vous promets le secret » (Lettre 5). Merteuil parle à Valmont de « notre projet » (Lettre 51). Ce qui fait voir, à l'inverse, l'innocence de Cécile et de Danceny, c'est qu'ils ne gardent pas leur correspondance secrète mais la partagent avec Merteuil et Valmont, contrairement à ce qu'ils se sont promis : « j'espère aussi, dit Cécile à Danceny, que vous ne direz à personne que je vous ai écrit » (Lettre 19). Valmont se moque de Danceny que Merteuil a mal formé à la dissimulation et qui les a trahis elle et lui à sa panique : « puisque vous commencez à faire des éducations, apprenez à vos élèves à ne pas rougir et se déconcerter à la moindre plaisanterie » (Lettre 151). Lorenzo, lui, inclut Scoronconcolo dans son complot en le lui disant « en confidence » (III, 1), tout comme il le livre à Philippe : « gardemoi le secret, même avec tes amis » (III, 3). Arendt rappelle que « les secrets d'État ont toujours existé » (*VP*, p. 300). Ils constituent traditionnellement les « *arcana imperii*, les mystères du pouvoir » (*MP*, p. 13). L'expression *arcana imperii* provient des *Histoires* (I, 4) de Tacite qui désigne par là un compromis politique entre la *res publica* qui faisait des questions politiques une chose publique, les livrant à l'instabilité du débat démocratique, et le pouvoir du *princeps* qui règne seul, les exposant cette fois à l'arbitraire d'une subjectivité. C'est pourquoi Arendt désigne par là « le mensonge organisé » qu'elle distingue du « menteur privé » (*VP*, p. 296). Le premier est secret mais collectif. Et elle travaille à « découvrir quel préjudice le pouvoir politique est

1. *Déceler* : faire connaître, dénoncer ; *se déceler* : se dénoncer l'un l'autre.

capable de porter à la vérité » (*VP*, p. 294). Car une société de trompeurs produit une société de trompés.

Si le menteur peut avoir des complices, il est souvent amené à compromettre autrui en le contraignant à servir d'auxiliaire de projets qui ne sont pas les siens. À la classe de ces menteurs par délégation appartiennent la servante de la marquise de Merteuil, la « fidèle Victoire » et tous ses « gens » (Lettre 10) qu'elle enrôle dans ses stratagèmes sans leur laisser de choix.

Il existe toutefois une façon de détruire le secret par le secret, en en faisant un « usage exagéré » (*MP*, p. 46). Passé un certain niveau de quantité, le secret devient si ordinaire qu'il perd son intérêt et sa puissance. Les « quarante-sept volumes » des « documents du Pentagone » n'ont eu finalement que peu d'effet et n'ont pas servi à éclairer les responsables politiques, du seul fait de leur nombre et sans « que quelqu'un ait voulu ainsi délibérément les abuser » (*MP*, p. 47). C'est justement parce que l'administration américaine ne faisait aucun usage des informations secrètes qu'elle avait elle-même commandées, qu'elles ont finalement été livrées à la presse par Daniel Ellsberg, « l'un des participants de cette entreprise » (*MP*, p. 64). Cela relativise considérablement « la notion des *arcana imperii*, du secret d'État, prétendument indispensable au fonctionnement de l'appareil gouvernemental ». Du reste, Arendt met des guillemets à ces « documents « ultra-secrets » » parce qu'ils « n'ont guère apporté de révélations spectaculaires » (*MP*, p. 52), l'essentiel des informations étant déjà connu du public, tant les mensonges officiels contredisaient l'évidence.

Chez Musset, les « masques » (I, 2) que les nobles portent au petit jour dans les rues de Florence les identifient comme nobles aux yeux de tous, puisque la noce privée des Nasi est finie. Sous leurs masques, les nobles exhibent dans l'espace public leur supériorité sociale et politique au nez des bourgeois. Ce qui indique que la nécessité de faire croire n'est pas inhérente à son véhicule mais dépend de la cible : entre nobles le masque de carnaval appartient au jeu de se faire croire que l'un est l'autre, et l'autre l'un, mais du noble au bourgeois, le masque tombe pour faire reconnaître, sans l'ombre d'un doute, l'ordre établi.

Pour le duc, le pouvoir du peuple n'est qu'un costume sans réalité : « le bonnet de la Liberté » (I, 3). On en joue comme d'un symbole, un mot vide, une pièce de l'arsenal démagogique qui fascine un **peuple** réduit à l'état de **foule** aveugle, manipulée à ses dépens.

Si faire croire est si central en politique, c'est que dire y est un faire et que « ceux qui mettent les mots sur leur enclume, et qui les tordent avec un marteau », en déformant les apparences, dénaturent les réalités : « ces mots représentent des pensées, et ces pensées des actions » (I, 3). Dans les mains du pouvoir politique, faire croire n'est pas une simple subversion théorique mais « une forme d'*action* » (*VP*, p. 318) : **faire croire** c'est une manière efficace de **faire faire**. C'est la proclamation qui déclare Lorenzo « traître à la patrie » (V, 2), alors qu'il a tué le duc au nom de la république florentine, qui le fait assassiner. Ce mensonge politique est par essence pratique. Il a sa raison d'être dans ce crime qu'il réussit à faire faire en faisant croire à la trahison. Ruccellaï se désole que les citoyens se fassent de la sorte manipuler : « pauvre peuple ! quel badaud on fait de toi » (V, 1). Le mensonge politique fait le peuple badaud qui fait le citoyen assassin, ennemi de sa propre liberté politique : « le menteur est un homme d'action », comme l'affirme Arendt dans « Vérité et politique » (p. 318). C'est ce qu'illustre « l'incident du golfe du Tonkin » (*MP*, p. 25) d'août 1964, où les services de renseignement américain du département de la Défense cachèrent à l'administration Johnson le fait qu'il n'y avait pas eu d'attaque de la part de torpilleurs nord-vietnamiens, tandis que l'armée américaine avait, elle, pris part à une attaque menée par la flotte sud-vietnamienne. Ce mensonge permit de « tromper le Congrès » (*MP*, p. 25) et servit d'alibi aux États-Unis pour s'engager dans la guerre du Vietnam. Le secrétaire à la Défense Robert McNamara, déclara le 6 août 1964 : « Notre marine n'a joué aucun rôle, n'a pas été associée et n'est pas consciente des activités sud-vietnamiennes, s'il y en a ». Quatre ans plus tard, suite aux révélations des *Pentagon Papers*, McNamara fut contraint de reconnaître devant le Congrès que les navires américains avaient bien participé aux attaques sud-vietnamiennes contre le Nord-Vietnam communiste. Ce mensonge, souligne Arendt, était « destiné à la consommation interne » (*MP*, p. 25).

En politique, mentir c'est faire faire. On peut même aller jusqu'à considérer que le langage est par lui-même un moyen d'action autant qu'un outil de communication, comme le suggère O. Spengler qui demande dans *L'homme et la technique* (Gallimard, Paris, 1958, p. 100-104) : « quelles sont donc les formes fondamentales de la parole ? Non pas le jugement ou la déclaration, mais le commandement, le témoignage d'obéissance ». Dès lors, si le mensonge politique est affaire d'obéissance, on comprend qu'il se soucie peu de sa crédibilité. Commentant ce texte de Spengler, Deleuze et Guattari prolongent son analyse en montrant que « l'unité élémentaire du langage [...], c'est le mot d'ordre. Le langage n'est même pas fait pour être cru, mais pour obéir et faire obéir [...] On s'en aperçoit dans les communiqués de police ou de gouvernement, qui se soucient peu de vraisemblance ou de véracité, mais qui disent très bien ce qui doit être observé et retenu. L'indifférence des communiqués à toute crédibilité touche souvent à la provocation. C'est la preuve qu'il s'agit d'autre chose. Qu'on se le dise... : le langage n'en demande pas plus » (Deleuze et Guattari, *Mille plateaux*, Éditions de Minuit, 1997, p. 95-96). La nécessité de se faire obéir l'emporte en politique sur le besoin de faire croire qui n'en est que l'alibi. Arendt oppose en ce sens le mensonge qui a toujours relevé de « la diplomatie et l'habileté politique » (*VP*, 321) et les extravagances du négationnisme qui ne sont possibles que parce que leur force repose non sur la croyance mais sur l'obéissance.

On peut donc parler d'un gouvernement par la croyance. Lorsque le duc est assassiné, la cour craint que le peuple ne se révolte et renverse le régime en place : « Si le peuple apprenait cette mort-là, elle pourrait en causer bien d'autres », s'inquiète en effet l'écuyer du duc. Aussi le clan des Médicis s'arrange-t-il pour faire croire au peuple que le duc se repose après « une nuit au bal » (V, 1). Une didascalie précise que « des valets suspendent des dominos aux croisées », c'est-à-dire des robes de bal à capuchon pour crédibiliser ce mensonge. On apporte même « des tonneaux pleins de vin et de comestible » (V, 1, didascalie) pour « faire des distributions au peuple ». Détourner l'attention de ce que l'on veut cacher est un procédé politique classique : *panem et circenses*, « du pain et des jeux du cirque », disait déjà Juvénal à l'époque romaine, moquant la dépolitisation de citoyens à qui l'on fait croire ce que l'on veut en les gouvernant par l'estomac et l'imagination. De fait, à l'annonce de la mort de leur tyran, loin de se soulever, les citoyens de Florence ont « haussé les épaules » avant de retourner « à leurs dîners, à leurs cornets et à leurs femmes » (V, 2), les cornets à dés étant un jeu de hasard. Qu'est-ce en principe qu'une République, sinon un État dans lequel le peuple n'est pas gouverné mais se gouverne lui-même puisqu'il dispose seul de la souveraineté politique et que le représentant qu'il s'est choisi lui est inféodé ? Alors que le clan des Médicis propose de voter en catimini pour désigner Côme de Médicis successeur d'Alexandre, Ruccellaï réplique en bon républicain, porte-parole du peuple :

> « RUCCELLAI. Je m'oppose à ce vote formellement, et au nom de tous les citoyens.
> VETTORI. Pourquoi ?

RUCCELLAI. Il ne faut plus à la République ni princes, ni ducs, ni seigneurs ; voici mon vote.

Il montre son billet blanc » (V, 1).

Inversement, la marquise Cibo tente d'exercer le pouvoir de la croyance sur le duc afin de le convaincre de rétablir la liberté perdue du peuple florentin : « es-tu sûr de dormir tranquille dans ton dernier sommeil ? – Toi qui ne vas pas à la messe, et qui ne tiens qu'à l'impôt, es-tu sûr que l'Éternité soit sourde, et qu'il n'y ait pas un écho de la vie dans le séjour hideux des trépassés ? » (III, 6).

On le voit, les stratégies pour faire croire ne concernent pas la seule sphère privée mais s'étendent à l'espace public où elles prennent toute leur puissance en prenant une forme politique. On a vu qu'Arendt distinguait « le mensonge organisé, qui domine la chose publique » et « le mensonge privé » (*VP*, 296). On peut identifier une telle portée politique de la conspiration orchestrée par Merteuil, dans l'emploi à deux reprises dans *Les Liaisons dangereuses* du terme « despotisme » (Lettre 91). Valmont écrit en effet à Merteuil : « Vos ordres sont charmants ; votre façon de les donner est plus aimable encore ; vous feriez chérir le despotisme » (Lettre 4). Leur stratagème conçu à l'encontre du comte de Gercourt et de Cécile s'apparente alors à un complot politique et la tromperie s'identifie non seulement à un véritable pouvoir mais au comble du pouvoir. Le lexique politique de cette Lettre 4 l'annonce d'emblée : « de plus grands intérêts nous appellent ; conquérir est notre destin ». Le plan de Merteuil relève d'une logique d'Empire comme l'indique ce constat que fait Valmont, qui joue sur la polysémie du terme « empire » (domination et autorité politique) : « il n'est donc point de femme qui n'abuse de l'empire qu'elle a su prendre ! » (Lettre 6). Laclos pose le problème politique de la tromperie en parlant d'abus de pouvoir. La raison du « grand projet »

(Lettre 4) de Valmont déborde son intérêt personnel. Ce dernier se voit en empereur, coiffé d'une « couronne » de « myrte » ou de « laurier ».

De plus, le lexique du pouvoir politique est lui-même associé à celui de la puissance religieuse, complétant la force physique qui domine les corps par l'emprise spirituelle qui enchaîne les âmes : « nous prêchons la foi » ; « cette mission d'amour » ; « un saint respect ». Merteuil et Valmont se voient en empereurs missionnaires, elle « patronne de quelque grande ville », lui « Saint de village ». Leur stratagème relève d'une stratégie théologico-politique, derrière laquelle il est difficile de ne pas voir une métaphore de la monarchie de droit divin finissante que Laclos dépeint. Le couvent où Cécile a grandi conjugue pouvoir religieux et domination politique. Chez Musset aussi, comme de juste, au bal masqué le duc est « vêtu en religieuse » selon la didascalie de la scène 2 de l'acte I. Et dans la dernière scène de la pièce, le cardinal fait jurer « dévotement » Côme de Médicis « sur l'Évangile » (V, 8), plaçant ainsi ce nouveau règne sous le joug politique de la religion. Proclamant publiquement sa foi, il enrôle le peuple dans la religion, faisant de ce dernier une armée de fidèles contraints. Inversement, en feignant de s'excuser de n'avoir pas « supprimé » (Lettre 51, note 1) un « alinéa » dans lequel le lecteur se rend compte « combien peu elle [Merteuil] respectait la religion », Laclos pose au moyen de cette antiphrase l'équation entre irreligion et liberté politique.

De toute façon, la frontière est-elle étanche entre la vie privée et la politique ? Combien de complots, de régicides, n'ont-ils pas la vie intime pour ressorts ? Le mot d'« intrigue », que le vicomte de Valmont emploie sans cesse dans sa correspondance avec Merteuil (Lettres 15, 40, 52, 57, 79), n'appartient-il pas aussi bien au domaine de l'amour qu'à la sphère politique ? Le cardinal fait de l'amour une pièce maîtresse de son ambition politique et il espère convaincre la marquise de lui servir d'appât pour prendre « l'empire nécessaire non pas sur l'esprit d'Alexandre duc de Florence, mais sur le cœur d'Alexandre, votre amant » (IV, 4). L'idée que pour maîtriser l'esprit il faut subjuguer le cœur est le levier politique de la démagogie. Le nationalisme ne prend-il pas le peuple par les sentiments en attisant sa haine de l'étranger pour instrumentaliser son amour de la patrie ? C'est contre un tel mélange irrationnel de sentiments que Philippe fait cette déclaration à Lorenzo : « il n'y a pas de haine dans ma joie ; il n'y a que l'amour le plus pur, le plus sacré pour la patrie, j'en prends Dieu à témoin » (V, 2).

Si le pouvoir, chez nos trois auteurs, est d'autant plus puissant qu'il se masque, c'est qu'il s'y exprime sous la forme machiavélique. Machiavel, que cite Arendt (*VP*, p. 313), considère que le pouvoir dépend moins de la réalité qui est la sienne que de son apparence. C'est le sens des figures du « renard » et du « lion » qu'il mobilise : l'exercice de la force qu'incarne celui-ci ne va pas sans l'art de la ruse de celui-là (Machiavel, *Le Prince*, chapitre 18). Le bon prince n'est pas le prince juste mais celui qui paraît tel. Il est le maître des apparences qui sait montrer ce qui renforce son pouvoir et dissimuler ce qui risquerait de l'affaiblir. Il faut, écrit Descartes commentant Machiavel dans une *Lettre à Élisabeth de septembre 1646,* que le prince « ne fasse paraître en public que ses plus sérieuses actions ». Descartes valide ainsi la dissociation machiavélienne de la vérité et du politique. En ce sens, la marquise de Merteuil, qui se baptise elle-même « sultan » (Lettre 10) et « tyran » (Lettre 81), incarne la figure du Politique. Venant d'exposer son éducation précoce à la dissimulation, elle écrit : « je n'avais pas quinze ans, je possédais déjà les talents auxquels la plus grande partie de nos politiques doivent leur réputation ».

Le critère du bon pouvoir, au sens où l'on parle d'un bon couteau, n'est pas sa vérité mais son efficacité. Or l'efficacité du pouvoir ne dépend pas de la vérité mais de sa crédibilité. Pour gagner son procès, où il n'y a guère « de raison et de justice » (Lettre 134) plaidant la cause de Merteuil, celle-ci se « rassure, en songeant que le procureur est adroit, l'avocat éloquent et la plaideuse jolie ». Elle perdra certes son procès, mais « d'une voix » (Lettre 175), victime de l'opinion publique plutôt que de la justice. Le « despotisme des Médicis », cet abus de pouvoir déguisé qui « n'est ni juste ni tolérable » (II, 4), ne tient que par les masques qui le font passer pour l'ordre naturel des choses. Les « spécialistes » à la tête de l'administration américaine se sont eux-mêmes convaincus que « leur « rationalisme » et leur amour de la « théorie » » leur permettaient de « découvrir des *lois* » capables de « prévoir » l'enchaînement des événements politiques comme s'ils s'agissaient de « phénomènes naturels » (*MP*, p. 22). Arendt démasque cette « pseudo-mathématique » qui fait croire aux hommes qu'ils ne sont pas libres.

Si le pouvoir ne doit pas tordre les faits « en les manipulant » à sa guise, il ne doit pas pour autant les sacraliser « comme résultat de quelque développement nécessaire que les hommes ne peuvent empêcher et sur lequel ils ne peuvent donc avoir aucune influence » (*VP*, 330). Le « chemin [est] très étroit » entre le mépris de l'histoire qui fait croire qu'elle n'a pas existé, et le culte du passé qui fait croire qu'il était nécessaire et que par conséquent l'avenir est déjà joué. C'est le dernier mot de « Vérité et politique » où Arendt distingue le concept de la vérité comme « ce que l'on ne peut pas changer », et la vérité prise « métaphoriquement » comme le « sol » sur lequel nous prenons appui pour nous élever au « ciel » de l'idéal (*VP*, p. 336).

L'image des remparts exprime chez Musset la nécessité pour le pouvoir politique de vivre caché à l'abri des regards du peuple pour qu'il continue de croire à sa légitimité. C'est le sens de la remarque de l'orfèvre : « les murailles de tous ces palais-là n'ont jamais mieux prouvé leur solidité » (I, 2). Mais la métaphore du « carnaval », dans la même scène, vient miner la supercherie en annonçant que le peuple n'est plus dupe. Du reste le pouvoir ducal ne s'est imposé que par la force, « en vertu des hallebardes » (I, 2), ce qui en dénonce la faiblesse, l'artifice de ses ruses ne parvenant pas à occulter sa nature arbitraire. La force militaire est fragile sans la puissance de la ruse. Le pouvoir tyrannique ne tient durablement que par la puissance des apparences. La tyrannie des Médicis doit son pouvoir à « la garnison allemande [...] Là est leur force ; hors de là, ils ne sont rien » (III, 7), déclare Philippe lors du dîner chez lui avec les quarante Strozzi. Ce pouvoir dont la force est mise à nu est fragile. Arendt cite à ce propos James Madison qui dit que « tous les gouvernements reposent sur l'opinion » (*VP*, 296), et non sur le seul usage de la force. Si le politique travaille à la représentation de son pouvoir c'est qu'il y a un « pouvoir de la représentation » comme l'a montré Louis Marin dans le *Portrait du roi* (Introduction). C'est ce qu'échoue à faire le pouvoir tyrannique du duc puisque personne ne croit au bien-fondé de sa justice : Philippe Strozzi voit clairement que dans les mains du duc « le saint appareil des exécutions judiciaires devient la cuirasse des ruffians » (III, 3). La « cuirasse », censée déguiser un acte « juste » en « crime », se voit.

Est-ce un hasard si le Florentin « qui ôte son masque » (I, 2) est précisément Palla Ruccellaï, un républicain notoire et faut-il y voir le signe qu'un pouvoir légitime n'a pas besoin de déguisement ni de ruse ? Pierre Strozzi, républicain lui aussi qui incarne l'intégrité morale et politique, et qui est incapable de duplicité, porte sa franchise au visage : « un sang pur montant à un front sans reproche » (II, 5). Il pose l'équation entre sincérité et moralité, et, par contraste, entre fourberie et immoralité. Il assume sa tentative de meurtre de Salviati, par lequel il voulait laver l'honneur de sa sœur Louise : « je ne me cacherai pas [...] Je me promènerais volontiers l'épée nue, et sans en essuyer une goutte de sang » (II, 5). Au despotisme politique qui dispose de la vérité selon son bon plaisir, Arendt oppose une tyrannie de la vérité « qui a sa source en-dehors du domaine politique, et est aussi indépendant[e] des vœux et des désirs des citoyens que la volonté du pire tyran » (*VP*, p. 306).

Le pouvoir politique peut s'imposer par la force mais il ne se maintient que par la crainte ou la ruse dans le cas d'un régime despotique, et par le respect dans le cas d'un régime démocratique. Rien ne dit mieux la fragilité du pouvoir du duc que le fait que le peuple florentin se moque de Lorenzo en l'affublant d'un diminutif péjoratif : « Si le gouvernement de Votre Altesse n'est pas entouré d'un profond respect, il ne saurait être solide. Le peuple appelle Lorenzo, Lorenzaccio » (I, 4).

Si l'opinion se laisse abuser par les mensonges du pouvoir politique, n'est-ce pas qu'elle consent à sa manipulation, voire qu'elle la désire ? Il faut à présent envisager l'ultime tour que la conscience se joue à elle-même en se faisant croire ce qui l'arrange ou l'endort. On a vu le marchand de soie se livrer à une interprétation « surnaturelle » de la mort du duc (V, 5) pour en faire un signe du destin, ce qui a pour effet de le décharger de sa responsabilité citoyenne et de justifier son inaction. Se faire croire à l'ordre divin ou naturel des choses est l'oreiller ordinaire de cette démission dont le vrai nom est la lâcheté politique.

À travers l'opposition entre le marchand et l'orfèvre, Musset met en scène le conflit entre l'opinion publique satisfaite de se faire croire que tout est bien ainsi et que l'on n'y peut rien, et la pensée populaire qui n'avale pas les mensonges du pouvoir en place et se révolte contre l'injustice de l'ordre établi. L'orfèvre ne croit pas un mot du prétendu signe surnaturel du marchand, auquel il répond : « il nous est poussé un beau décideur de paroles dans votre nuit de six Six. Ah ! Mort de ma vie ! Cela ne fait-il pas honte ? Mes ouvriers, voisin, les derniers de mes ouvriers, frappaient avec leurs instruments sur les tables, en voyant passer les Huit, et ils leur criaient : « Si vous ne savez ni ne pouvez agir, appelez-nous, qui agirons » » (V, 5). L'allusion à la Révolution de

Juillet est sans équivoque : les marchands avaient fermé leur boutique pour permettre aux ouvriers de prendre part aux barricades. Les ouvriers incarnent la conscience politique qui ne se laisse pas raconter d'histoire. Le besoin de croire est la lèpre de la démocratie. Si la croyance est le masque de la velléité politique, l'alibi commode de l'inaction, de la complicité, voire la collaboration, le savoir est l'étincelle du courage politique. On peut rappeler que le personnage de l'orfèvre représente moins le commerçant que l'artiste. C'est pourquoi l'orfèvre tient à se distinguer du commerçant : « Ce n'est pas mon métier de suivre les foires » (I, 2), lance-t-il à ce dernier. Musset ne suggère-t-il pas ainsi que l'imaginaire artistique et la conscience ouvrière, ou plus largement populaire, ne font qu'un, et que, plus profondément, pour concevoir un avenir politique de liberté, d'égalité et de fraternité, il faut commencer par ne rien se faire croire ? Une révolution ne suppose-t-elle pas une révolte des consciences contre la tyrannie de la croyance ?

Pour Arendt, un pouvoir politique démocratique se définit par les institutions extérieures à lui qu'il héberge en son sein, à savoir l'école (*VP*, p. 333), la justice (*VP*, p. 332) et « la presse » (*VP*, p. 333) qui sont autant de « refuges de la vérité » (*VP*, p. 332). Elle critique les « écoles spécialisées » susceptibles de cultiver des intérêts particuliers contraires au respect de la vérité. Et elle rappelle la nécessité de rattacher le pouvoir exécutif du gouvernement américain à « l'autorité législative du Congrès » (*MP*, p. 19). Le président qui est enfermé dans une « tour d'ivoire » (*MP*, p. 53), se condamne à recevoir des informations filtrées par le cercle fermé de ses conseillers, ce qui en fait « la victime idéale d'une intoxication totale ». Les *Pentagon papers* montrent que sous le président Kennedy, les sections des services de renseignement « bénéficiaient d'une indépendance relative, et de ce fait, elles n'ont pas cessé de dire la vérité » (*MP*, p. 36), sans que cela ait eu « la moindre influence » (*MP*, p. 37) sur la politique menée, à cause de l'enferment du pouvoir.

Au milieu d'un peuple lâche, courant « après le vin qu'on distribue », le personnage de l'artiste-orfèvre n'a trouvé que « les étudiants » (V, 5) capables d'action. Ils sont les seuls, parmi les citoyens prêts à mourir : « pour nos droits » (V, 6). Toutefois, Musset lui-même a supprimé cette scène de la révolte démocratique des étudiants contre les soldats de l'aristocratie dans l'édition de 1853, c'est-à-dire sous le Second Empire, sans doute moins par prudence (Musset appartient à la noblesse) que par convenance.

La révolte pour la liberté est l'apanage des étudiants, personnage collectif qui représente non pas le peuple mais son idéal, enfin incrédule. Est-ce à dire que le travail de la pensée, l'insurrection de l'imagination et la liberté des peuples ne peuvent fleurir que sur les ruines de la croyance, et que les stratégies de domination qui cherchent à faire croire en leur pouvoir comme les illusions auxquelles on se fait croire par servitude volontaire, constituent un défi politique à l'humanité ? Ce qui semble établi, c'est que faute d'une solide formation de l'esprit à la pensée critique, les renards de toutes sortes continuent de régner, cependant que les corbeaux confus se payent de mots et peuvent tantôt « chanter la monarchie », tantôt « chanter la république » (V, 5), au rythme de la valse de leurs intérêts immédiats. « Ah ! Les mots, les mots, les éternelles paroles ! » (IV, 9). Ce cri cynique de désespoir que se lance Lorenzo à lui-même est comme le soleil noir d'une conscience lucide, solitaire et désabusée, projetant son ombre sur une foule plongée dans l'obscurité, non seulement abusée mais encore et peut-être essentiellement s'abusant elle-même en se faisant croire qu'elle est libre : telle est, aux yeux de Lorenzo, « la lâcheté du peuple » (V, 7). La marquise de Merteuil elle-même exprime son inquiétude de se prendre à ses propres fourberies : « j'y mettrais peut-être de la vanité ; et, une fois piquée au jeu, on ne sait plus où l'on s'arrête » (Lettre 20). Le mystère qui demeure inexpliqué n'est-il pas à chercher, plutôt que du côté de la volonté de tromper autrui, du côté de cet « amour pervers pour l'erreur et la fausseté » (*VP*, p. 292) que pointe Arendt et qui anime les prisonniers de Platon au fond de leur caverne ?

Elle vise ici à incriminer moins « le mensonge de sang-froid » que « la tromperie de soi » (*VP*, p. 324), inversant le jugement moral courant qui condamne le mensonge délibéré et excuse le mensonge involontaire. Le vrai coupable, pour Arendt, n'est pas tant celui qui « a menti » que le « menteur », c'est-à-dire celui qui croit lui-même à ce qu'il fait croire « aux autres ». Le menteur pris au jeu de son propre mensonge perd la distinction du vrai et du faux. Dès lors, il n'y a plus rien de vrai, le vrai supposant sa différence d'avec le faux. C'est alors l'ère du « mensonge complet et définitif » et sans remède. Comment corriger un mensonge que l'on n'identifie pas comme tel ? Seul peut combattre « l'art moderne de la tromperie de soi-même » (*VP*, p. 326), celui qui parvient « à échapper à son influence » (*VP*, p. 325). De là la condamnation morale chez Arendt du régime politique généralisé d'un peuple amené à « se tromper soi-même » (*VP*, p. 324). Tel est le sens de sa citation de cette sentence des *Frères Karamazov* de Dostoïevski : « Surtout, ne vous mentez jamais à vous-même ! » (*VP*, p. 324).

Seulement le tragique est que dans les régimes totalitaires « la violence » (*MP*, p. 16) et la « terreur » (*MP*, p. 18) transforment la croyance aux mensonges du pouvoir en moyen de « survivre ». Dès lors, sinon au niveau individuel du moins au niveau « de la vie publique », il est nécessaire « d'ignorer la frontière qui sépare la vérité du mensonge » (*MP*, p. 17). En dehors de ces cas-là, « la prémisse psychologique » ancestrale qui explique que l'on puisse agir sur un esprit pour lui faire croire quelque chose, consiste dans l'intérêt personnel. C'est par la séduction attirante de ce qui leur est profitable comme par le pouvoir répulsif de ce qui leur est nuisible, que l'on manipule les hommes. Ce ressort psychologique qui persuade n'a toutefois pas la force irrésistible d'une contrainte : « il existe des hommes capables de rester insensibles à l'appel de la carotte comme à la menace du bâton » (*MP*, p. 18-19). Ce qui confirme que les stratagèmes, quelle que soit leur efficacité, ne suffisent pas à produire la croyance qui reste à la charge de ceux qui y consentent, y participent et, en fin de compte, y collaborent. C'est pourquoi madame de Tourvel, au moment de mourir, dédouane Valmont : « que mes malheurs, que je reconnais avoir mérités, ne lui soient pas un sujet de reproche » (Lettre 165).

Ballotés entre l'amour de soi et l'amour-propre, entre l'instinct de survie et la vanité, « on se crée sa chimère » (Lettre 118). Les hommes ne sont-ils pas d'abord et surtout les jouets des « illusions de l'amour » ? Ne sont-ils pas *in fine* « dupes de leur propre ouvrage » (Lettre 104) ? Valmont l'explique par cette raison qu'« on se complaît toujours un peu dans son ouvrage » (Lettre 129). La question que Merteuil pose à Valmont est peut-être un problème indécidable : « vous faites-vous illusion à vous-même, ou cherchez-vous à me tromper ? » (Lettre 141).

À l'origine de l'hypocrisie, il y a toutefois la découverte par une âme encore innocente de l'hypocrisie qui l'entoure : c'est la différence entre Philippe, dont l'âme est restée pure parce qu'il n'a contemplé le monde qu'en « surface », et Lorenzo qui a vu « les débris des naufrages, les ossements et les Léviathans » (III, 3), c'est-à-dire les monstres sous-marins, les monstruosités que l'humanité dissimule sous l'apparence des convenances. Musset met ici au jour une contagion de la tromperie qui se transmet d'âme pervertie en âme encore innocente. De même Arendt rappelle comment « le mensonge a pu proliférer au sein de tous les services officiels » (*MP*, p. 12). Quand Valmont découvre que la présidente de Tourvel le fait espionner, il s'étonne que « la plus modeste de toutes les femmes » (Lettre 15) soit capable de « cette ruse féminine ».

S'il y a des conditions sociales et culturelles à la crédulité, comme on l'a vu à la fiche 5, il y en a aussi à l'expansion de la tromperie. La vie libertine de la cour à Florence comme celle de la cour de France des *Liaisons dangereuses* corrompent les mœurs et font de la duplicité une norme sociale. La mère de Lorenzo rapporte qu'enfant il était incapable de dissimulation, « un saint amour de la vérité brillait sur ses lèvres et dans ses yeux noirs » (I, 6). Elle se souvient de l'innocence infantile de son « Lorenzino d'autrefois » (II, 4), incapable alors de mentir. C'est donc la vie mondaine de la cour, où règnent l'hypocrisie et les faux-semblants, qu'il l'a conduit à devenir fourbe. Lorenzo lui-même le confirme : « Ma jeunesse a été pure comme l'or » (III, 3).

Madame de Tourvel s'explique le passé libertin de Valmont par ses mauvaises fréquentations et livre peut-être au passage le sens général des *Liaisons dangereuses* : « M. de Valmont n'est peut-être qu'un exemple de plus du danger des liaisons » (Lettre 22). Il se trouve en effet que le manuscrit original autographe des *Liaisons dangereuses* (conservé à la Bibliothèque nationale de France sous la côte « Ms. Français 12845 ») porte le titre *Le danger des liaisons*, titre qui a été ensuite biffé (feuillet 38), Laclos ayant sans doute eu connaissance du livre de madame de Saint-Aubain datant de 1763 et déjà intitulé *Le danger des liaisons*. *Les Liaisons dangereuses* pose le problème de savoir si le danger tient aux personnes, mauvaises par nature et irrécupérables, ou si les « liaisons dangereuses » sont l'effet du « danger des liaisons » mauvaises, comme le dit madame de Volanges : « Quand il ne serait, comme vous le dites, qu'un exemple du danger des liaisons, en serait-il moins lui-même une liaison dangereuse ? » (Lettre 32). Madame de Tourvel elle-même constate, dans sa dernière lettre, « dictée par elle et écrite par sa femme de chambre » sur son lit de mort : « j'étais innocente et tranquille : c'est pour t'avoir vu que j'ai perdu le repos ;

c'est en t'écoutant que je suis devenue criminelle. Auteur de mes fautes, quel droit as-tu de les punir ? » (Lettre 161).

Madame de Rosemonde donne cette conclusion aux *Liaisons dangereuses*, qui déporte la responsabilité de Cécile vers Danceny : « quelque illusion qu'on cherche à se faire par une prétendue délicatesse de sentiments, celui qui le premier tente de séduire un cœur encore honnête et simple se rend par là même le premier fauteur de sa corruption, et doit être à jamais comptable des égarements et des excès qui la suivent » (Lettre 171). Elle ajoute alors : « qui pourrait ne pas frémir en songeant aux malheurs que peut causer une seule liaison dangereuse ! » (Lettre 175). Danceny, de son côté, incrimine Merteuil : si Cécile a pu « réunir tant d'ingénuité et de perfidie » (Lettre 174), c'est parce que Merteuil a su « abuser de tant d'innocence et de candeur ». Comment ne pas penser, en effet, qu'Azolan, le « domestique » (Lettre 23) de Valmont, tout « coquin » qu'il soit, n'est pas né coquin, mais l'est devenu en fréquentant un tel maître ? « Trésor d'intrigue, et vrai valet de comédie ; [...] ses instructions portaient d'être amoureux de la femme de chambre, et d'enivrer les gens. Le coquin est plus heureux que moi » (Lettre 15) : Azolan, l'« ambassadeur » (Lettre 34) de Valmont, n'est-il pas le reflet fidèle de son maître ? Comment expliquer la différence entre « la femme de chambre de la petite Volanges » (Lettre 63) qui est au début trop honnête pour se laisser instrumentaliser par Merteuil, et la femme de chambre de celle-ci, sa « fidèle Victoire » qui se prête à tous ses ordres, sinon par la différence de leur maitresse respective ? Merteuil révèle à Valmont, qui doute de la fiabilité de cette femme de chambre, le passé peu honorable de cette dernière : « vous ne me croyez plus sur ma parole. Il faut donc vous édifier » (Lettre 81). Cécile Volanges finit contaminée par la fourberie de Merteuil, et se montre capable de mentir à sa mère et à cacher à Danceny sa récente liaison avec Valmont : « Je sens pourtant bien que je ne dois rien lui dire de tout ce qui se passe avec M. de Valmont ; ainsi vous n'avez que faire de craindre. Maman ne m'a point encore parlé de mon mariage : mais laissez faire ; quand elle m'en parlera, puisque c'est pour m'attraper, je vous promets que je saurai mentir » (Lettre 109). Valmont s'en félicite : « je lui inspirais en même temps le plus profond mépris pour sa mère. J'ai remarqué depuis longtemps, que si ce moyen n'est pas toujours nécessaire à employer pour séduire une jeune fille, il est indispensable, et souvent même le plus efficace, quand on veut la dépraver ; car celle qui ne respecte pas sa mère ne se respectera pas elle-même : vérité morale, que je crois si utile, que j'ai été bien aise de fournir un exemple à l'appui du précepte » (Lettre 110). Valmont se vante encore de « composer un catéchisme de débauche à l'usage de [son] écolière ». Cécile elle-même contamine son « portier » qu'elle enrôle dans les mensonges qu'elle fait à sa mère pour faire venir Danceny dans sa chambre. C'est la fourberie de ce serviteur qu'elle vante à Danceny quand elle lui dit : « nous pouvons bien nous fier à lui, car c'est un bien honnête homme » (Lettre 156). De même, il n'y a nulle inquiétude à avoir du côté de sa « femme de chambre » : « elle m'a promis qu'elle ne se réveillerait pas ; c'est aussi une bien bonne fille ! ». Madame de Volanges aura beau questionner tous ses « gens et surtout [son] portier : tous me jurèrent ne rien savoir et ne pouvoir rien m'apprendre sur cet événement » (Lettre 170). C'est tout le tiers état qui finit corrompu par une noblesse ivre de ses privilèges. Enfin, Valmont constate le changement à son contact de Danceny, naguère innocent : « le Danceny d'aujourd'hui, arraché par les femmes, courant les aventures, et devenu, suivant l'usage, un peu scélérat » (Lettre 155).

On saisit ici la portée politique du livre de Laclos qui dédouane la nature pour incriminer la société, fidèle héritier de Rousseau en cela qui a débusqué avant lui les causes sociales, économiques et politiques des inégalités parmi les hommes qui ne doivent rien à la nature ni à Dieu. Laclos ne cite pas par hasard la préface de *La Nouvelle Héloïse* en exergue de son livre : « j'ai vu les mœurs de mon temps, et j'ai publié ces lettres ». Une note du « rédacteur » à la Lettre 58 le confirme : « Madame de Tourvel avait-elle lu Émile ? ». Dans la même Lettre où l'on trouve l'expression de « danger des liaisons », madame de Tourvel parle dans un post-scriptum de « l'honnête et malheureuse famille » (Lettre 22) incapable d'« acquitter la dette » de la taille. Cette expression qui accole deux termes que la justice devrait opposer, résume la situation politique à l'origine de la Révolution française : l'honnêteté ploie sous le joug de l'infortune, cependant que les gens malhonnêtes sont heureux. Madame de Volanges résume le destin de madame de Tourvel, une personne douée de « tant de vertus », accablée par « les malheurs ». La condition des femmes, prises entre le devoir conjugal et le glaive religieux, complète l'injustice sociale par l'inégalité sexuelle. Sade s'en souviendra en écrivant en 1791 *Justine ou les malheurs de la vertu*. Il n'est pas interdit de penser que Laclos s'en prend aux institutions politiques lorsqu'il laisse madame de Volanges s'en remettre à Dieu : « Ô Providence ! sans doute il faut adorer tes décrets ; mais combien ils sont incompréhensibles ! » (Lettre 165). L'incompréhensible, en effet, a bon dos, et sert d'alibi commode pour dédouaner les institutions humaines.

À lire Laclos, Musset et Arendt, il semble que la vérité soit moins une notion théorique qu'un devoir moral qui impose le respect, et que ceux qui la déforment commettent moins des **erreurs** que des **fautes** qui réclament moins une rectification qu'une condamnation. Manquer à la vérité, c'est porter atteinte au bien. Le procès de la tromperie est mené au nom de cette morale de la vérité. En se demandant « s'il est toujours légitime de dire la vérité » (*VP*, p. 289, note), Arendt interroge en effet le devoir de vérité. Le « toujours » se réfère à l'universalité de la loi morale énoncée par Kant. Il est du reste significatif que l'adage que cite Arendt « *Fiat veritas, et pereat mundus* » (« que la vérité soit, le monde dût-il en périr ») est à l'origine la devise de Ferdinand Ier (1503-1564), empereur du Saint-Empire romain germanique, *Fiat iusticia, et pereat mundus*, c'est-à-dire « que la justice soit, le monde dût-il en périr » : Arendt substitue le mot « vérité » à celui de « justice », signe que dans son esprit ce sont des équivalents. Elle cite aussi la formule originale en la reprenant de Kant (*VP*, p. 290) sans s'arrêter sur la différence. Elle rappelle que la « bonne foi » ne fait pas partie des « vertus politiques » (*VP*, p. 289). Au début de son article sur le tollé d'État provoqué par la publication des documents du Pentagone, elle dit ironiquement que ce scandale n'est pas « exactement révélateur d'innocence et de vertu » (*MP*, p. 13). Il y a finalement moins une vérité de la vérité qu'une valeur de la vérité qui impose le respect. Arendt dit clairement qu'elle défend le devoir de vérité : « nous n'admettons pas le droit de porter atteinte à la matière factuelle elle-même » (*VP*, p. 304). L'antinomie de la morale et de la politique qu'elle tente de résoudre se joue sur le fait que pour cette dernière « les mensonges » sont « des outils nécessaires et légitimes ». Dès lors que la vérité n'est pas une fin en soi, elle se trouve subordonnée à la logique de « l'action politique » conçue « en termes de moyens et de fins » (*VP*, p. 291). Les régimes totalitaires produisent des versions multiples d'une même réalité historique. Ils finissent par déboussoler « notre sens de l'orientation » par lequel nous nous guidons dans le réel. Cette perte du sens de la « stabilité » (*VP*, p. 328) du réel est une expérience commune « sous la domination totalitaire » (*VP*, p. 329). L'asservissement politique par le mensonge engendre dans les peuples une raison qui, privée du compas de la vérité, se met à tanguer. L'aveu de la vérité que madame de Tourvel fait à madame de Rosemonde lui épargne la pire des fautes qui est de mentir : « J'ai préféré le malheur de perdre votre estime, par ma franchise, à celui de m'en rendre indigne par l'avilissement du mensonge » (Lettre 128).

Le mensonge comme art de faire croire que ce qui est faux est vrai ou que ce qui est vrai est faux, culmine dans la figure du traître, dont le comble est incarné par le diable. D'où cette interrogation de Lorenzaccio : « Suis-je un Satan ? [...] je marchais dans mes habits neufs de la grande confrérie du vice, comme un enfant de dix ans dans l'armure d'un géant de la Fable » (III, 3). Lorenzo sera poursuivi après son crime comme « traître à la patrie » (V, 2). Rien de plus fourbe que la beauté du diable, qui excelle à représenter le mal sous les traits séduisants du beau. Comme le souligne Jankélévitch dans son essai sur *Le Mal*, « si le mal avait été aussi le laid, le désagréable et le déplaisant [...] alors la beauté ne serait plus problématique, et la question serait résolue avant d'être posée. Satan en faillite, le mal sans clients [...] Hélas ! pourquoi faut-il que ce soit, comme par hasard, la vérité qui déplaise ? Oui, pourquoi pas plutôt l'erreur ? » (Arthaud, 1947, chap. 3). Goethe fait ainsi parler Méphistophélès, lequel cherche à tromper Faust en le tentant : « engage-toi ; tu verras ces jours-ci tout ce que mon art peut procurer de plaisir ; je te donnerai ce qu'aucun homme n'a pu même encore entrevoir » (*Faust*, première partie, traduction Gérard de Nerval). On retrouve chez Musset dans « La nuit d'octobre » le motif des fausses larmes qui singent le vrai amour : « Et si je doute des larmes, C'est que je t'ai vu pleurer ». Valmont baigne les mains de madame de Tourvel de « pleurs » (Lettre 23) pour mieux la tromper. Réciproquement, celle-ci lui retourne sa lettre sans l'avoir ouverte en lui faisant croire que c'est une réponse d'elle, véritable « ruse diabolique » (Lettre 34). Valmont se plaint de la « malice infernale » de « ce démon féminin » Lettre 40).

Laclos met dans la plume de Merteuil des propos qui relèvent franchement du blasphème, comme ceux-ci qui font de l'innocence de Cécile une provocation au vice : « Dieu ! qu'elle était belle ! Ah ! si Magdeleine était ainsi, elle dut être bien plus dangereuse pénitente que pécheresse » (Lettre 63). Si Lorenzo est une sorte de « Satan » (III, 3), Merteuil est un « Tartuffe femelle » selon le mot de Baudelaire dans ses notes sur « Les liaisons dangereuses » (Baudelaire, *L'art romantique*, appendice, § IX). Baudelaire souligne le diptyque que forment la présidente de Tourvel et la marquise de Merteuil : « Une Ève touchante – La Merteuil, une Ève satanique [...] chez qui tout ce qui est humain est calciné ». De fait, Merteuil parvient à obtenir de la mère de Cécile qu'elle suive à la lettre ses « *sages conseils* » (Lettre 63. C'est Merteuil qui souligne ces mots dans cette lettre à Valmont), lesquels conseils font de la mère la complice involontaire d'un complot qui a sa propre fille pour cible. Merteuil dit qu'elle y a « mis un peu de malice » : c'est le moins que l'on puisse dire. Les mensonges des présidents américains sur la guerre du Vietnam relèvent d'un cynisme qui dépasse l'entendement humain : « comment ont-ils pu ? » (*MP*, p. 62), se demande Arendt. Valmont manie un double langage qui confine sinon au satanique, assurément au cynisme achevé dans la lettre à la présidente de Tourvel qu'il a rédigée en prenant pour table le corps d'Émilie, l'une de ses maîtresses qui lui a servi de « pupitre » (Lettre 47) : « la table même sur laquelle je vous écris, consacrée pour la première fois à cet usage, devient pour moi l'autel sacré de l'amour ; combien elle va s'embellir à mes yeux ! j'aurai tracé sur elle le serment de vous aimer toujours ! » (Lettre 48).

Mais on ne pratique pas impunément le double discours. À force de singer le vice, Lorenzo a fini par confondre la fiction et la réalité. Le piège initialement destiné aux autres s'est refermé sur lui. Il constate, impuissant : « le vice a été pour moi un vêtement, maintenant il est collé à ma peau. Je suis vraiment un ruffian » (III, 3). Plus tard il précise : « le Vice comme la robe de Déjanire, s'est-il si profondément incorporé à mes fibres, que je ne puisse plus répondre de ma langue, et que l'air qui sort de mes lèvres se fasse ruffian malgré moi ? » (IV, 5). La perfidie est comme la « robe de Déjanire » qui fait corps avec celui qui la porte. La route de la tromperie est sans retour. Lorenzo constate qu'il ne lui est plus possible de « revenir à la vertu » et qu'il ne peut pas faire comme si « mon apprentissage du vice pouvait s'évanouir » (III, 3). Le destin de Merteuil, qui finit punie par « la petite vérole » (Lettre 173) qui l'a « affreusement défigurée » (Lettre 175), confirme que la tromperie est une faute irréversible qui n'échappe pas à son châtiment. Comme le rapporte Madame de Volanges, ainsi vengée de ce que le stratagème de Merteuil a fait subir à sa fille : « à présent son âme était sur sa figure ». Le jeu de mot de Baudelaire est plus profond qu'il n'en a l'air, en ce qu'il déchiffre le mal moral sous la difformité physique : « petite vérole (grand châtiment) ». C'est comme si la duplicité portait en elle sa condamnation, comme s'il y avait une justice immanente à la tromperie qui finissait toujours par se retourner contre son auteur, et que la vérité, si elle ne triomphe pas, punissait néanmoins les auteurs de ses contrefaçons. De même, les mensonges du Pentagone sont finalement révélés par « une presse libre et non corrompue » (*MP*, p. 65), livrant les secrets du pouvoir politique au jugement de l'opinion publique. Arendt appelle le *New York Times*, qui a le premier publié les *Pentagon papers*, « le plus respectable des journaux du pays » (*MP*, p. 64). Elle présente les efforts tardifs de Robert McNamara de reconnaître « les erreurs commises » (*MP*, p. 65) comme une tentative de rachat de l'âme américaine, dans la mesure où elle cite cette expression tirée de la Déclaration d'indépendance du 4 juillet 1776, par laquelle les États-Unis s'obligent au « respect dû à l'opinion de l'humanité ». Le texte américain original parle même de « *decent respect* » (*MP*, p. 65, note), ce qui fait du respect de la vérité une affaire morale de « décence ». Le triomphe moral de la vérité à la fin des *Liaisons dangereuses* est dû à « ce qu'on publie » (Lettre 168) sur Merteuil et Valmont. En dépit de la demande de madame de Rosemonde de garder le « secret » (Lettre 171) et d'en empêcher la « publicité », le chevalier Danceny explique ses raisons de livrer au public l'ensemble de « la correspondance » (Lettre 169) entre Merteuil et Valmont : « j'ai cru, de plus, que c'était rendre un véritable service à la société que de démasquer une femme aussi réellement dangereuse que l'est madame de Merteuil, et qui, comme vous pourrez le voir, est la seule, la véritable cause de tout ce qui s'est passé entre M. de Valmont et moi. Un sentiment de justice m'a porté aussi à publier la seconde, pour la justification de M. de Prévan, que je connais à peine, mais qui n'avait aucunement mérité le traitement rigoureux qu'il vient d'éprouver, ni la sévérité des jugements du public, plus redoutable encore et sous laquelle il gémit depuis ce temps, sans avoir rien pour s'en défendre » (Lettre 169).

Il reste que les procès intentés à l'encontre du mensonge, le sont au nom d'une idée de la pureté qui identifie la vérité à la nudité. Or la volonté de mettre à nu la vérité abrite, derrière le mépris de l'artificiel, une religion du naturel qui réintroduit subrepticement la croyance dont elle prétend se débarrasser. Le personnage de la présidente de Tourvel est à cet égard la métonymie de la foi en une vérité absolue : « toute parure lui nuit ; tout ce qui la cache la dépare » (Lettre 6). L'ironie de Laclos, qui pointe ici dans l'apologie libertine de « l'abandon du négligé »[1], n'élève-t-elle pas en profondeur une critique politique et philosophique contre le besoin de vérité, en localisant ce culte suspect de la pureté dans un désir clairement physique, fomenté par la fantaisie du vicomte de Valmont ? Ce dernier prétend n'être sensible qu'à « l'âme céleste » qui transparaît à travers la « figure enchanteresse », mais le lecteur sait rétablir l'ordre réel de prio-

1. Un « négligé » est la tenue la plus simple que porte une femme ou un homme au réveil, qui se situe entre l'habit et la nudité.

rité entre le physique et le moral : « j'admirais la beauté, j'adorai la vertu » (Lettre 36).

Que serait la vie sans l'amour, et que resterait-il de l'amour sans les jeux de la « parure » dont le libertinage décline à l'infini la séduisante encyclopédie ? Laissons le dernier mot à la marquise de Merteuil, lectrice de contes libertins comme « *Le Sopha* » (Lettre 10) de Crébillon, qui déniaise Cécile en lui faisant lire « des livres » (Lettre 29) qui parlent « de tout cela », experte dans l'art du paraître, faisant l'éloge de son « déshabiller le plus galant. Celui-ci est délicieux ; il est de mon invention : il ne laisse rien voir, et pourtant fait tout deviner » (Lettre 10) ; consciente, enfin, que la vérité de l'amour est d'ordre littéraire. Non un simple enchantement mais, brouillant irrémédiablement les places respectives du vrai et du faux, « un véritable enchantement ». Il n'y a plus de « véritables » que les produits de l'imagination. La vérité n'est plus ce substantif absolu – La Vérité – dont rêve la pensée métaphysique, dont la religion, la politique et même la science sont des espèces. En réservant à Dieu, qui seul « lit dans les cœurs » (Lettre 130), le monopole de la morale, Madame de Rosemonde prive les hommes du droit de se juger, ce qui les livre à des relations sans certitude et sans valeur assignable. Le libertinage est cet art de penser et de vivre qui adjective la vérité, vérité qui troque alors sa prétention à l'Un et à l'Être, pour qualifier de mille et une manières l'artificiel, le fictif et le factice. De fait, Valmont vide de son sens moral, puisqu'il s'en amuse, l'idée de « dissimulation coupable » (Lettre 23) en jurant la main sur le cœur que pour rien au monde il ne voudrait en être accusé. Peut-on prendre au sérieux Danceny qui accuse de « si coupables artifices » (Lettre 174) dont il a su lui-même faire usage à l'occasion ?

Le voile des discours prônant le respect de la vérité fait croire que celle-ci serait un problème moral, lorsque, plus profondément, les artifices de la tromperie mettent en scène des libertés dangereuses pour l'ordre établi. Avec ses mensonges, Dom Juan ne représente pas tant un danger pour les femmes que pour l'institution du mariage. Sa fourberie dissout un à un les piliers de l'Ancien Régime : en mentant à son père, il attaque la famille, et à travers elle la filiation aristocratique essentielle à cette société ; en se jouant de M. Dimanche, un marchand envers qui il est endetté, il méprise la parole due à l'ordre économique, pour ne pas parler des dogmes religieux qu'il congédie d'un trait d'arithmétique, comme on l'a vu. Ne faut-il pas, dans ces conditions, considérer Merteuil comme un Dom Juan féminin, aggravant l'offensive révolutionnaire initiée par Molière en élargissant les libertés prises avec les vérités établies d'une société donnée en les plaçant dans les mains d'une femme, condamnée en principe à la soumission aveugle ?

Si la marquise de Merteuil finit défigurée par la petite vérole, condamnée à s'exiler en Hollande, ne part-elle pas en emportant « ses diamants, objet très considérable, qui devait rentrer dans la succession de son mari, son argenterie, ses bijoux ; enfin, tout ce qu'elle a pu, et qu'elle laisse après elle pour près de 50 000 livres de dettes » (Lettre 175) ? Cette « véritable banqueroute » qu'elle laisse derrière elle, au mépris de la justice, qui a attribué les biens de son défunt mari à ses enfants, ne signe-t-elle pas, à travers cette faillite économique, la ruine de toute morale, en même temps que la victoire d'une liberté individuelle sur l'ordre moral de croire en l'ordre social ? Ni Vadim ni Frears ne retiennent dans leurs interprétations cinématographiques des *Liaisons dangereuses* cette péripétie finale. Le film de Vadim finit sur le visage défiguré de Merteuil (Jeanne Moreau), celui de Frears sur son visage démaquillé, c'est-à-dire sans fards (Glenn Close), comme si, à la fin, le mensonge était démasqué et que les masques tombaient pour mettre enfin la véritable Merteuil à nu. Mais cette ultime trahison juridico-financière de Merteuil dans le roman de Laclos ne réamorce-t-elle pas *in extremis* le monde de la tricherie ? Par cet apparent détail narratif, Laclos ne met-il pas au jour le sens économique du devoir de vérité, en reconduisant la notion morale de **devoir** au concept économique de **dette** ? Ce faisant, ne donne-t-il pas le dernier mot à la libre trahison sur la fidélité exigée par le monde du **crédit** et de la **créance** ? Aussi bien la vérité est-elle moins un concept théorique que pratique, un concept au service d'une morale collective coercitive dont seuls l'artifice et ses sortilèges peuvent nous affranchir. Pour échapper au dilemme du mépris politique de la vérité et du procès moral du mensonge, l'art ne fournit-il pas « les armes miraculeuses » dont parle le poète Aimé Césaire, qui libèrent la vie en l'inventant ?

Merteuil, pas plus que Lorenzo, n'a pas de vrai visage ; elle ne fait que changer de masques. Qui est le vrai « Lorenzo » (III, 3) ? « Lorenzaccio » (II, 7) ? « Lorenzetta » (I, 4) ? « Renzinaccio » (IV, 7) ? Son vrai nom est-il l'un de ces surnoms ? Mieux encore, Musset ne nous fait-il pas croire que les personnages de *Lorenzaccio* sont différentes personnes lorsqu'en réalité ce ne sont peut-être que les différents masques de Lorenzo, comme le remarque Jean Deschamps qui joue le rôle de Philippe Strozzi dans la mise en scène de Gérard Philippe, avec Jean Vilar au Théâtre national populaire en 1952 ? Comme il le souligne dans le film documentaire *Lorenzaccio. Alfred de Musset* (1965) de J. Audollent, « Lorenzaccio contient pour ainsi dire tous les autres personnages de la pièce, comme s'ils étaient les composantes de sa personnalité ». Philippe Strozzi incarne l'humanisme de Lorenzo, le duc Alexandre la souillure de Lorenzo, la marquise Cibo, son patriotisme, Catherine et Marie, son idéal de pureté, Pierre Strozzi, enfin, le courage de Lorenzo qui est en apparence si lâche. Cette trahison, cette infidélité aux autres et d'abord à soi, cette façon d'exister en dehors de toute essence fixe, sans se laisser assigner d'identité, n'est-elle pas mieux connue sous le nom de liberté ?

Dans l'idée de « faire croire » il y a l'action de tromper dont le magicien est le spécialiste. *F for Fake* (*Vérités et mensonges*), qui est « un film sur la tromperie [*trickery*], la fraude, le mensonge », comme l'explique son réalisateur Orson Welles dans l'introduction, commence justement par un tour de magie : Orson Welles en habit de prestidigitateur demande à un jeune garçon une clé qu'il transforme sous ses yeux ébahis en pièce de monnaie avant de la faire disparaître pour qu'elle se retrouve dans la poche du blouson du petit garçon éberlué. Welles cite ce mot de Jean-Eugène Robert-Houdin, célèbre illusionniste français du XIXe siècle : « un magicien est juste un acteur ». Le charlatan est un acteur au double sens de celui qui joue la comédie et de celui qui fait une action, qui agit librement cependant que les autres restent captifs de ses tours. Cette action est typiquement celle d'un certain Elmyr dont il est question au début du film, qui est une personne connue sous une soixantaine de noms et dont le monde libre, comme le dit un personnage, est « un monde du faire croire », « *a world of make believe* ».

Méthodes

Les recommandations qui suivent sont directement tirées des rapports des jurys des différents concours.

1. La dissertation

« La logique d'un concours est d'être discriminant ; et la logique de cette épreuve est d'essayer de discriminer les candidats selon leur mérite intellectuel. Il faut donc des sujets difficiles pour faire la différence entre les bons et les excellents, entre ceux qui ont bien appris leur cours et ceux qui sont capables d'une authentique et honnête réflexion sur un sujet difficile » (Rapport X-ENS 2021).

Le rapport X-ENS 2022 insiste sur « la curiosité intellectuelle et la fréquentation personnelle des œuvres, qui seules peuvent conduire le lecteur-candidat à élaborer une réflexion authentique, signant ainsi sa capacité de compréhension sensible du monde, apte à lire la complexité du réel et à entamer une discussion ouverte avec la pensée de l'Autre ».

1.1 Le sujet

Il ne suppose « pas la connaissance de l'auteur de la citation ».

1.2 Les œuvres au programme

Une épreuve « sur programme » requiert une très bonne connaissance des œuvres. Le jury du concours X-ENS ajoute que celle-ci n'exclut « pas que d'autres références puissent éventuellement venir compléter leur propos ». Comme le précise le rapport du Concours commun Mines-Ponts 2022, « cependant, en aucun cas ces exemples ne peuvent remplacer la maîtrise des œuvres au programme. Ils ne sont qu'un « en-plus », au service de l'argumentation menée. Et il va de soi que ces développements consacrés à des œuvres hors programme ne sauraient prendre une place dominante, ni *a fortiori* se substituer aux analyses centrées sur les œuvres étudiées pendant l'année ».

1.3 L'analyse du sujet

Cette étape décide de la qualité de la dissertation en ce qu'elle prémunit contre le hors-sujet. « L'analyse de la citation demande une petite habitude de la démarche philosophique et une capacité à manipuler des concepts, à faire des distinctions. Il s'agit de comprendre précisément la citation qui est soumise aux candidats en attestant en outre une compréhension fine du français et une attention à la langue ». Par exemple, « l'homme est un être risqué » n'équivaut pas à « l'homme aime le risque ». De même l'« improbable » n'est pas « l'imprévisible ».

« Nous ne pouvons que conseiller aux étudiants, à partir d'un travail de définition et d'étude stylistique, de passer du temps au brouillon pour analyser précisément la citation et ainsi éviter les erreurs et les hors-sujet ».

« Cela demande de mobiliser un lexique suffisamment abstrait, théorique et conceptuel pour entrer dans une discussion philosophique en l'appliquant au corpus de textes littéraires » (X-ENS 2022).

Est donc proscrit tout bachotage « plaqué » sur le sujet au détriment d'une réflexion personnelle patiemment élaborée à partir du sujet.

« Le sujet est ainsi rapidement abandonné [...] et ne sert plus que de prétexte à une (mauvaise) récitation de cours. Que les candidats réutilisent les éléments de leur cours est évident et utile : mais cela n'a de pertinence que si le propos est rattaché au sujet et traite le sujet ».

1.4 Le plan de la dissertation

Le rapport du jury du Concours commun Mines-Ponts 2022 rappelle les étapes de la dissertation :

L'introduction se compose en effet de différentes étapes, incontournables et liées entre elles :

- **l'amorce**, évitant ainsi de reprendre immédiatement la citation ; au contraire cette accroche, qui doit être brève, amène de façon simple et claire le sujet, qu'il s'agisse d'une considération générale, d'une citation bien choisie. L'important est qu'elle soit reliée véritablement et non artificiellement au sujet ; la reprise du sujet, entre guillemets, cité avec sa source (auteur, œuvre, date) et inséré correctement au propos. « Il est maladroit d'ouvrir le propos par une autre citation qui semble soit détourner du réel sujet de la composition, soit supposer que le sujet est équivalent à un autre » (X-ENS 2022).
- **la problématisation** comme mise en évidence des points de discussion possibles du sujet. La formulation de la problématique doit être claire, simple, unique et sous forme interrogative : il s'agit de mettre en question et en tension la pensée de l'auteur, avec ses spécificités, plutôt que de plaquer de vagues questionnements abordés au cours de l'année et auxquels les étudiants tentent parfois, maladroitement, de se raccrocher.

- **la mention des œuvres du programme** (titre + auteur) sans qu'il s'agisse d'une présentation précise – qui serait trop longue – des ouvrages étudiés.
- **l'annonce du plan**, là encore simple et précise, suivant un raisonnement logique et évitant les « dans un premier temps nous étudierons la thèse de l'auteur puis dans un second temps l'antithèse avant de faire une synthèse dans un troisième temps » comme cela a pu apparaître dans certaines copies. Préférer les adverbes de temps : d'abord, ensuite, enfin.

Synthèse de l'introduction : l'analyse fine du sujet commande la problématisation qui décide du plan. Il s'agit dans la première partie de rendre compte de ce que pense l'auteur de la citation, en respectant la richesse et les nuances de son propos. Il faut ensuite interroger activement le sujet, ce qui demande de prendre un recul critique vis-à-vis de lui. Traiter un sujet ce n'est pas s'y soumettre mais le traiter sans craindre de le maltraiter pour mettre au jour ses limites, ses contradictions éventuelles, voire ses illusions. La liberté de penser le sujet n'a qu'une contrainte : traiter le sujet dans la singularité de sa formulation et non le thème général du programme. Dans les parties critiques du développement il faut donc continuer de citer tel ou tel point du sujet que l'on examine.

Le développement comporte idéalement trois grandes parties (si un plan en deux grandes parties est possible, il parvient rarement à proposer un tour complet de la question, en dépassant l'aporie liée au débat entre la thèse et l'antithèse), elles-mêmes divisées en deux ou trois sous-parties équilibrées. Ces parties et sous-parties doivent être visibles dès le premier coup d'œil de votre correcteur. Il est donc très important de présenter correctement votre copie (alinéa au début de chaque paragraphe notamment, saut de lignes entre les axes).

« toute grande partie commence par l'énoncé d'une thèse, l'exposition d'une opinion, et tout paragraphe par la formulation d'un argument ou l'expression d'une idée. On ne saurait accepter qu'on attaque un paragraphe, et moins encore une grande partie, par une référence directe ou un emprunt sec à un auteur ou à une œuvre » (CCINP-E3A, 2022).

Il s'agit d'argumenter en reprenant les termes du sujet autant que possible, avec des guillemets, ou en faisant référence plus largement à la thèse de l'auteur, pour l'illustrer, la discuter, la dépasser, ce jusqu'à la fin du devoir. Trop de copies abandonnent rapidement le sujet et l'auteur, qui disparaissent en général totalement des deuxième et troisième axes. Citer le sujet, s'y référer est un des moyens pour (tenter de) cadrer la réflexion et éviter le hors-sujet.

Chaque argument proposé est illustré par des **exemples** permettant de confronter clairement les œuvres au programme. Une copie ne proposant, dans un des axes et *a fortiori* dans l'ensemble du développement, aucune référence à l'un des auteurs de l'année, sera considérée et évaluée comme insuffisante par le correcteur, quelle que soit sa qualité ou sa pertinence par ailleurs. Dans l'idéal en effet, il s'agit bien d'aborder et de **comparer les trois œuvres dans chaque sous-partie** autrement dit de vous appuyer sur des exemples appropriés et précis, tirés des trois ouvrages étudiés au cours de l'année. Les comparer cela signifie que les exemples choisis ont **un point commun**, un élément permettant de les mettre en parallèle.

« La confrontation des œuvres entre elles est indispensable. Mais plutôt que de faire référence de façon systématique et fatalement allusive aux trois textes étudiés durant l'année, le candidat peut exploiter avec grande efficacité des couples ou paires d'œuvres dans chaque argu-

> ment, pourvu que ces couples soient renouvelés de façon vivante et pertinente. Ainsi, une douzaine d'exemples sur l'ensemble de la copie pourraient nourrir la réflexion, pourvu que ces exemples soient réellement analysés, qu'ils étayent, expliquent, approfondissent l'argument ou l'idée » (CCINP-E3A 2022).

C'est pour cela d'ailleurs qu'il faut soigner les **transitions** entre les axes. Ces dernières doivent être visibles (alinéa voire séparation en sautant une ligne) et efficaces en participant à l'enchaînement logique des grandes parties. Leur rôle est donc double : il s'agit de faire le bilan de la partie achevée tout en annonçant la partie à venir (Centrale-Supélec 2022).

> « On espère une démarche **critique** plus qu'on n'escompte un plan dit « dialectique » : il faut être capable de discernement, de jugement, savoir envisager la pertinence mais bien évidemment les limites de l'assertion à considérer, tout en faisant effort pour dépasser des contradictions apparentes, ce qui n'interdit pas de choisir, décider ou trancher. On oublie trop souvent en effet que l'important n'est pas le nombre mais la nature de la partie. Nous acceptons donc aussi bien un développement **en deux parties qu'en trois** » (CCINP-E3A 2022).

On déplore trop de « troisièmes parties construites autour du thème » et non sur le sujet, dans sa formulation singulière.

La conclusion doit permettre de répondre à la problématique dégagée en introduction en dressant un bilan de la démonstration. Il est tout à fait judicieux de repartir de la citation (ou de certains termes du sujet), de la pensée de l'auteur pour jusqu'à la fin la discuter en résumant le développement, en reprenant les grandes idées évoquées et de voir quelle(s) solution(s) peuvent être apportées au problème posé. Certaines nuances selon les œuvres peuvent aussi être apportées, pour mieux les rapprocher et les distinguer, en faisant attention cependant au risque de se répéter. Une **ouverture** ensuite est idéalement attendue. Elle est un moyen d'élargir la question, le moment de proposer une autre référence culturelle et enrichissante, d'aborder une idée qui n'aurait pas trouvé parfaitement sa place dans le développement. Dans tous les cas, cette ouverture doit être précise, développée *a minima* (une mention à un tableau, une simple interrogation ne suffisent pas) et surtout liée au sujet.

> « La conclusion reprendra synthétiquement le mouvement de la réflexion et s'engagera fermement en faveur d'une thèse. On pourra accepter la conclusion dite ouverte si et seulement si elle ne se termine pas par une interrogation passe-partout » (CCINP-E3A 2022).

2. Le résumé

Au concours X-ENS et de Mines-Ponts l'épreuve consiste en une dissertation. Aux Concours commun INP-E3A-POLYTECH et de Centrale-Supélec l'épreuve se compose d'un résumé et d'une dissertation. Le texte à résumer est notablement plus long au concours de Centrale : il convient donc de faire attention à ne pas y passer trop de temps (1 h-1 h 15 maximum) pour en conserver assez pour la dissertation.

2.1 Les objectifs du résumé

Il s'agit d'aller à **l'essentiel** sans se perdre dans le détail, c'est-à-dire de dégager la pensée qui anime un texte long. Il s'agit en outre d'exposer **l'armature logique** de cette pensée.

Concrètement, il faut donc produire une **synthèse** qui soit un texte **autonome** (ce qui implique que le résumé ne doit comporter aucune allusion ni aucun renvoi au texte dont il dérive).

Le résumé doit permettre à un lecteur extérieur de prendre connaissance d'une pensée, d'une idée, d'une thèse, débarrassée des détails (exemples, illustrations, digressions, allusions).

Selon les concours, les textes à résumer comptent entre 1 000 et 2 500 mots. Le texte à produire doit comporter de 100 à 250 mots selon les épreuves (10 % du texte de référence).

Tout dépassement du nombre de mots autorisé pour le résumé est sanctionné, de même que toute tentative de fraude dans le décompte. Les fautes de langue peuvent valoir une pénalité allant jusqu'à 2 points sur 20

Le candidat trace un trait vertical tous les vingt mots et indique le nombre total de mots du résumé.

> **N.B. :**
>
> c'est-à-dire = 4 mots
>
> j'espère = 2 mots
>
> après-midi = 2 mots **_mais_** aujourd'hui = 1 mot
>
> socio-économique = 1 mot puisque les deux unités typographiques n'ont pas de sens à elles seules
>
> a-t-il = 2 mots car « t » n'a pas une signification propre.
>
> **_attention_** : un pourcentage, une date, un sigle = 1 mot.

2.2 Les règles

- Le résumé **suit l'ordre** du texte (même si l'on trouve cet ordre déconcertant). En conséquence, on ne déplace rien, on ne réorganise pas le texte.

- Le résumé **ne s'écarte jamais** du texte : aucun commentaire (qui discute la pertinence du propos), aucune interprétation (qui dégage le sens), aucune analyse (qui explique).
- Le résumé **garde la forme** du texte-source (si l'auteur s'exprime à la première personne, le résumé aussi).

La règle n° 1 est donc : ne prendre aucune distance avec le contenu ni la forme du texte original. Il s'agit de restituer fidèlement aussi bien le contenu du texte (les idées) que sa forme (la manière dont l'auteur dit ce qu'il a à dire).

Concrètement, cela exclut l'utilisation de formule du type : « l'auteur dit que… » ou « la thèse soutenue dans ce texte… ».

La difficulté est donc de produire un texte qui, tout en étant strictement fidèle au texte de référence, manifeste une capacité d'expression originale. En ce sens, tout emprunt au texte est à proscrire : pas de citation, pas de collage, pas non plus de traduction simplificatrice et mécanique de fragments du texte.

La règle n° 2 est donc : reformuler les idées du texte en demeurant fidèle à son esprit et à son mouvement, et non pas effectuer un montage plus ou moins habile de fragments du texte. Il convient de refondre entièrement les phrases en respectant le sens du texte ainsi que l'ordre et les proportions (la taille respective de chaque paragraphe) de ses parties.

> « Certains termes sont irremplaçables. On fera toujours le distinguo entre la reprise inévitable de mots-clefs qui n'ont pas d'équivalents satisfaisants avec le calque syntaxique, le montage de citations, le copier-coller » (CCINP-E3A 2022).

2.3 Les attentes

- **Compréhension du texte.**
- **Rédaction** :
  – mise en forme qui permette au lecteur de prendre immédiatement connaissance de la structure d'ensemble du texte ; – recherche délicate de style (puisque celui-ci doit être en continuité avec celui du texte tout en étant le fruit du travail du candidat).

2.4 Le travail préparatoire

- Lecture cursive du texte afin d'en saisir le mouvement général, les idées essentielles et leur enchaînement (remarquer les dimensions des divers paragraphes), et dégager la structure du texte. Remarquer également le type de texte et le vocabulaire qui en découle : démonstratif, descriptif, polémique, injonctif (prière, vœu, commandement).
- Lecture plus minutieuse, attentive aux passages épineux pour en dégager le sens.
- Établir le plan du texte indiquant son point de départ, ses grandes étapes et ses conclusions.

Bibliographie

L. ARAGON, *Le mentir-vrai*, Gallimard, 1980.

A. ARENDT, « Truth and Politics », *The New Yorker*, 17 février 1967.

A. ARENDT, « Lying in Politics : Reflections on The Pentagon Papers », *New York Review of Books*, 18 novembre 1971.

R. BARTHES, « L'Effet de Réel », revue *Communications*, 1968, 11.

CH. BAUDELAIRE, « Les liaisons dangereuses », dans *L'art romantique*, Classiques Garnier, 1987, p. 828-837.

J.-PH. BAULON, « Les trois guerres de Robert McNamara au Viêt-Nam (1961-1968) et les errements de la raison dans un conflit irrégulier », revue *Stratégiques*, 2009, 1-2-3-4.

J.-B. BOYER d'Argens, *Thérèse philosophe*, Babel, 1992.

O. DE GOUGES, *Le couvent ou les vœux forcés*, 1792.

P. JOURNOUD, « Secret et stratégie pendant la guerre du Vietnam », *Bulletin de l'Institut Pierre Renouvin*, 2012/2, n° 36.

P.-A-F. LACLOS, *Liaisons dangereuses*, manuscrit autographe, Bibliothèque nationale de France, côte « Ms. Français 12845 », feuillets 39-127, 1782.

P.-A-F. LACLOS, *Les Liaisons dangereuses*, Durand neveu, 1782.

MOLIÈRE, *LE Tartuffe* ; *Dom Juan*.

A. DE MUSSET, *Lorenzaccio* dans *Un spectacle dans un fauteuil II*, Librairie de la Revue des Deux Mondes, 1834.

P. NAGY, *Libertinage et révolution*, Gallimard, 1975.

CH. PERRAULT, « Le corbeau et le renard », dans *Fables*, J.-.B. Coignard, 1699.

D. SADE, *Idée sur les romans*, dans *Les crimes de l'amour*, Gallimard, 1987.

Filmographie

J. Audollent, *Lorenzaccio. Alfred de Musset*, 1965.

M. Forman, *Valmont*, 1989.

S. Frears, *Les Liaisons dangereuses (Dangerous Liaisons)*, 1988.

D. Guggenheim, *Une vérité qui dérange* (*An Inconvenient truth*), 2006.

S. Kubrick, *Full metal jacket*, 1987.

C. Lanzmann, *Shoah*, 1985 ; *Sobibor*, 2001.

Yariv Mozer, *The Devil's Confession : The Lost Eichmann Tapes* (*La confession du diable : les enregistrements perdus d'Eichmann*), 2022.

S. Spielberg, *Pentagon papers*, 2017.

R. Vadim, *Les Liaisons Dangereuses*, 1959.

O. Welles, *F for Fake* (*Vérités et mensonges*), 1973.

F. Zeffirelli, *Lorenzaccio*, 1996.

85286-I-OSB 80 - BEL- MPN

DUPLIPRINT
733, rue Saint-Léonard, 53100 MAYENNE
Dépôt légal : juin 2023
N° 2983199N

Imprimé en France